Z a r a   L e n o x

LES ASTUCES PNL POUR LES INTELLECTUELS

Comment aiguiser votre esprit et améliorer votre créativité en utilisant des techniques SIMPLES, même si vous pensez avoir tout essayé !

Préface : Découvrez de nouvelles capacités dans votre esprit

Soyons clairs dès le départ : si vous avez essayé d'améliorer votre esprit, d'aiguiser votre pensée ou de stimuler votre créativité et que vous n'avez pas obtenu de résultats, ce livre vous montrera pourquoi. La raison est simple, mais souvent négligée : vous n'avez pas utilisé les bons outils, vous n'avez pas suivi la bonne approche et, peut-être, vous n'avez pas eu la discipline nécessaire pour y parvenir. Voici le premier point important que je tiens à clarifier : il ne s'agit pas de lire pour le plaisir de lire. Il s'agit de changer, de transformer votre façon de penser, et ce livre est conçu pour être la clé qui ouvrira cette porte pour vous.

Pourquoi ce livre est-il différent ? Parce que je ne vais pas vous proposer des solutions superficielles. La plupart des livres sur la programmation neuro-linguistique (PNL) vous abreuvent de théories, mais très peu vont au fond de ce dont vous avez vraiment besoin : un système pas à pas, concret, pratique et surtout applicable dès le premier chapitre. C'est ce que fait ce livre : il vous donne les outils pour commencer à voir des résultats immédiats, mais seulement si vous êtes prêt à suivre chaque étape avec discipline.

Ne vous attendez pas à lire ce livre passivement, à tourner les pages et à espérer une transformation magique. Cela ne marchera pas. En fait, je vous préviens tout de suite : si vous n'avez pas la volonté d'appliquer chacun des concepts, techniques et stratégies que je vais vous révéler, ce livre n'est pas pour vous. Mais si vous êtes ici pour apporter un réel changement dans votre vie, si vous voulez vraiment exploiter le pouvoir de votre esprit pour atteindre de nouveaux sommets de créativité et de performance intellectuelle, alors ce livre sera l'avant et l'après que vous attendiez.

Les autres livres ne vous le disent pas avec la même honnêteté : la plupart échouent parce qu'ils sous-estiment l'importance d'une application pratique constante. Ici, la transformation ne vient pas seulement de ce que vous lisez, mais de ce que vous faites avec ce que vous lisez. Si vous êtes de ceux qui attendent des résultats sans effort, mieux vaut chercher ailleurs. Mais si vous êtes prêt à vous engager, je vous assure que ce livre sera un voyage de découverte que vous n'oublierez pas.

Vous y trouverez des techniques, certes, mais aussi quelque chose de plus précieux : une compréhension profonde du fonctionnement de votre esprit et de la manière dont vous pouvez manipuler votre propre pensée pour atteindre des niveaux qui semblent aujourd'hui inaccessibles. Mais je le répète : ce livre n'est pas destiné à ceux qui recherchent des raccourcis sans travail. Ce livre vous met au défi d'être discipliné, d'appliquer sans plainte ni excuse ce que je vous propose ici. En fin de compte, votre réussite ne dépend que de vous. Tous les outils seront entre vos mains, mais c'est à vous de décider si vous ferez le pas vers une véritable transformation.

Imaginez ce que vous ressentirez lorsque vous verrez votre esprit travailler avec agilité, lorsque chaque problème qui vous accablait auparavant sera désormais l'occasion de démontrer votre capacité intellectuelle. Imaginez ce que ce sera de trouver de nouvelles idées là où auparavant vous ne voyiez que des blocages, de sentir votre créativité s'épanouir et de résoudre tous les obstacles qui se présentent à vous. C'est la puissance de la PNL appliquée à vos performances intellectuelles, et c'est ce que vous apprendrez ici, mais seulement si vous êtes prêt à faire le premier pas.

Tout au long de ce livre, je vous guiderai à travers un processus soigneusement conçu pour maximiser vos capacités mentales. Vous découvrirez pourquoi les techniques de PNL que je révèle ici sont simples mais puissantes, et pourquoi, contrairement à d'autres méthodologies, elles fonctionnent si vous les suivez à la lettre. Je ne vous offrirai pas de vaines promesses, mais des résultats tangibles et mesurables si vous êtes prêt à travailler pour les obtenir.

Je vous fais donc une promesse : si vous suivez chaque étape de ce livre, sans faillir, si vous vous engagez à appliquer chaque technique telle qu'elle est décrite, vous vivrez une transformation qui ira bien au-delà de ce que vous pensez être possible. Mais si vous décidez d'abandonner prématurément, ou de ne faire les choses qu'à moitié, vous ne serez qu'une personne de plus qui aura manqué l'occasion de sa vie.

Le voyage commence ici, et c'est à vous de décider comment il se terminera.

Ce n'est que le début. Préparez-vous à plonger dans les chapitres où nous approfondirons chaque technique, en vous prenant par la main dans un processus qui révolutionnera vos capacités intellectuelles et créatives. Mais n'oubliez pas : tout cela demande de l'action.

Chapitre 1 : Pourquoi la PNL est-elle la voie vers un esprit plus agile ?

La plupart des gens passent leur vie à souhaiter être plus rapides et plus efficaces dans leur réflexion, mais s'arrêtent rarement pour réfléchir à la **manière d'**y parvenir. Vous avez probablement lu des livres qui promettent des solutions, pour finalement constater que vous êtes bloqué au même point. Si cela vous semble familier, c'est parce que la plupart des approches traditionnelles ignorent un facteur crucial : le pouvoir de votre propre esprit à se changer lui-même. C'est là que la programmation neurolinguistique (PNL) devient l'outil ultime. Il ne s'agit pas d'une méthode ésotérique ou d'une mode, mais d'une science qui utilise le langage et les schémas mentaux pour transformer radicalement l'agilité de votre esprit.

Mais pourquoi tant de personnes ne parviennent-elles pas à obtenir des résultats malgré leur connaissance de la PNL ? La raison est simple : ils essaient de changer sans avoir une compréhension profonde du mécanisme mental que la PNL débloque. Ce que vous apprendrez ici va au-delà de ce que la plupart des livres vous montrent. Ici, je ne vous donnerai pas de simples étapes à suivre sans comprendre, je vous donnerai les clés pour **reconfigurer** votre façon de penser.

L'esprit humain a tendance à résister au changement, et cette résistance se présente sous de nombreuses formes : de la procrastination à l'auto-sabotage. La PNL est conçue pour éliminer ces blocages et créer un espace mental où les idées circulent librement, où les problèmes sont perçus comme des défis que l'on peut surmonter facilement. Un esprit agile n'est pas simplement un esprit qui traite l'information rapidement, mais un esprit flexible, capable de s'adapter et de générer des solutions innovantes même dans les moments les plus difficiles.

> *"Un homme qui a une nouvelle idée est un imbécile jusqu'à ce que l'idée réussisse. - Mark Twain*

Lorsque vous entendez parler de techniques mentales, vous pensez peut-être à des trucs compliqués ou à des méthodes difficiles à appliquer. Mais laissez-moi vous dire quelque chose que peu de gens vous révèlent : la véritable puissance de la PNL réside dans sa simplicité. Cela ne veut pas dire qu'elle est facile. Cela signifie que, lorsque vous appliquez ces techniques, vous commencez à voir votre esprit se débloquer presque automatiquement. La complexité réside dans les systèmes traditionnels qui vous ont appris à surcharger votre esprit avec des tâches impossibles. La PNL, quant à elle, vous apprend à travailler **avec** votre esprit, et non contre lui.

Réfléchissez un instant : combien de fois êtes-vous resté bloqué face à un problème parce que vous ne voyiez pas d'issue claire ? C'est frustrant, n'est-ce pas ? Ce sentiment d'être bloqué dans un schéma répétitif qui ne mène nulle part. C'est là que la PNL entre en jeu : elle vous aide à **briser** ces schémas. Elle vous offre la possibilité de regarder les situations sous des angles complètement nouveaux, de sorte que des solutions qui semblaient invisibles deviennent soudain évidentes.

Il est important de prendre conscience d'une chose essentielle dès le départ : l'**agilité mentale n'est pas un don inné, c'est une compétence que l'on développe.** Tout comme vous exercez vos muscles en salle de sport, votre esprit a également besoin d'être entraîné, et la PNL est l'ultime salle de sport pour l'esprit. Ne pensez pas qu'il suffit de lire ce livre. **Vous devez appliquer ce que vous avez appris, chaque jour.**

De nombreuses personnes abandonnent à ce stade, cherchant des raccourcis, mais c'est précisément la raison pour laquelle elles ne parviennent jamais à obtenir le changement qu'elles souhaitent. Ce livre n'est pas un raccourci, c'est un plan pour transformer votre vie de l'intérieur. Les techniques que je vais partager avec vous dans les prochains chapitres ne changeront pas seulement votre capacité à penser, mais affecteront également la **façon dont vous vous sentez** par rapport à votre processus de pensée.

> *"Ce que l'esprit de l'homme peut concevoir et croire, l'esprit de l'homme peut le réaliser. - Napoléon Hill*

La PNL propose une approche structurée pour vous aider à réorganiser votre façon de percevoir, de penser et d'agir. Vous vous demandez peut-être pourquoi ce système est plus efficace que d'autres. C'est une question valable, et la réponse réside dans le fait que la PNL ne consiste pas à vous donner des formules magiques, mais à vous apprendre à **comprendre votre propre processus mental**. Un esprit agile est un esprit qui comprend comment il fonctionne, et c'est là que ce livre brille : il ne s'agit pas de suivre aveuglément une technique, mais de comprendre comment et pourquoi ces techniques vont transformer votre façon de penser.

Au lieu de vous demander de mémoriser des listes interminables de " ce qu'il faut faire ", la PNL vous montre **comment penser** de manière flexible, adaptable et profondément créative. Si vous êtes arrivé jusqu'ici, c'est que vous savez, au fond de vous, que vous avez un potentiel inexploité. Et c'est ce potentiel que la PNL peut libérer en vous.

Tout au long de ce livre, je vous mettrai au défi de penser d'une manière que vous n'avez jamais envisagée auparavant. Pourquoi ? Parce que ce n'est qu'en stimulant votre esprit que vous pourrez obtenir des résultats extraordinaires. Si vous ne changez pas votre façon de penser, vous continuerez à obtenir les mêmes résultats. Il est temps de briser ce cycle.

Permettez-moi de vous donner un indice dès maintenant : chaque fois que vous êtes confronté à un défi, ne vous demandez pas "comment puis-je le résoudre", mais "quelles sont les nouvelles perspectives que je peux appliquer ici ? Cette petite différence dans la formulation de vos questions est le début d'un esprit plus agile. **La qualité de vos questions détermine la qualité de vos réponses.**

Comme l'a dit Albert Einstein :

"La formulation d'un problème est souvent plus importante que sa solution.

C'est pourquoi, dans les chapitres suivants, je vous apprendrai à poser de meilleures questions, à changer vos schémas de pensée et à débloquer une agilité mentale dont vous ne soupçonniez même pas l'existence.

Si vous êtes prêt pour ce voyage, si vous voulez vraiment changer la façon dont votre esprit fonctionne, alors je vous invite à lire la suite avec la conviction que ce que vous trouverez ici est **le début de votre transformation.**

L'agilité mentale, un outil essentiel dans un monde saturé d'informations

Nous vivons dans un monde où nous sommes bombardés d'informations à chaque instant. Les médias sociaux, les actualités, les courriels, les messages instantanés... tous rivalisent pour attirer notre attention. Cependant, la capacité à filtrer, traiter et agir efficacement sur ces informations est une compétence que peu de gens maîtrisent. Et c'est là que réside l'un des plus grands défis : **trop d'informations sans traitement adéquat génère un esprit chaotique et non agile**.

Pourquoi de nombreux livres n'offrent-ils pas de solutions efficaces ? Parce qu'ils ont tendance à se concentrer uniquement sur l'accumulation de connaissances sans enseigner **comment gérer et transformer ces informations en quelque chose d'utile et de productif.** Il est fréquent que le lecteur se retrouve submergé, avec des montagnes de données, mais sans stratégie claire pour appliquer ce qu'il a appris dans sa vie quotidienne. Le problème est que le fait d'en savoir plus ne signifie pas nécessairement que l'on pense mieux.

Ce livre, en revanche, va plus loin. Il ne se contente pas de vous donner des **outils**, il vous montre **comment les utiliser pour obtenir des résultats concrets.** Il ne s'agit pas de remplir votre esprit de théories complexes et abstraites, mais de vous apprendre à développer un esprit agile, capable de passer avec fluidité d'une idée à l'autre, de s'adapter à n'importe quelle situation et de réagir avec clarté lorsque d'autres sont bloqués.

C'est là que la programmation neurolinguistique (PNL) montre sa véritable valeur. Il ne s'agit pas seulement d'acquérir plus de connaissances, mais d'**optimiser le fonctionnement de votre esprit** afin que, avec les informations dont vous disposez déjà, vous puissiez créer des solutions innovantes, accélérer votre processus de réflexion et vous libérer de l'épuisement mental.

Qu'est-ce que ce livre vous apporte de plus que les autres ? Je vais vous dire la vérité : beaucoup de livres sur le développement personnel et l'agilité mentale restent en surface parce qu'ils essaient de vous vendre des résultats rapides, sans véritable effort. Ils vous promettent des tours de magie ou des raccourcis qui, en réalité, ne font que renforcer les mêmes schémas mentaux qui vous ont bloqué. Ici, je vous propose quelque chose de différent : un système qui exige vos efforts, votre engagement et votre participation active. **Il n'y a pas de raccourci vers une véritable transformation**, et c'est pourquoi ce livre vous changera, si vous êtes prêt à relever le défi.

> *"Ce que l'on apprend avec plaisir, on ne l'oublie jamais. - Alfred Mercier*

La clé de la PNL réside dans sa simplicité efficace. Bien que les techniques que vous apprendrez ici semblent simples à première vue, l'impact qu'elles peuvent avoir est profond. En fait, les outils les plus puissants que vous pouvez utiliser dans votre vie ne sont pas nécessairement les plus compliqués, mais ceux que vous pouvez mettre en œuvre de façon cohérente.

Réfléchissez à ceci : combien de fois vous êtes-vous senti submergé par la quantité d'informations que vous essayez de traiter chaque jour ? Combien de fois avez-vous eu l'impression que votre esprit courait dans mille directions sans direction claire ? C'est **le symptôme** d'un esprit non entraîné, d'un esprit qui a perdu son agilité naturelle à cause du bruit extérieur. **Et si vous pouviez entraîner votre esprit à se déplacer avec précision, comme un laser, au lieu de se disperser comme une torche ?**

Le piège de la multiplicité des choix et comment la PNL l'élimine

Un autre obstacle courant est le trop grand nombre de choix. À l'ère moderne, nous sommes constamment confrontés à des décisions et la plupart des gens tombent dans la **paralysie de l'analyse.** Le fait d'avoir trop d'options peut être aussi préjudiciable que de ne pas en avoir du tout. Cette surcharge mentale ralentit votre processus de prise de décision et finit par affecter vos performances dans tous les domaines de votre vie.

La PNL, en revanche, vous offre une solution claire. Elle vous apprend à simplifier le processus mental, à identifier les informations qui ont vraiment de la valeur et celles que vous pouvez ignorer. **Un esprit agile n'est pas un esprit qui traite tout, mais un esprit qui sait choisir ce qu'il doit traiter.** Ce livre vous apprendra à prendre des décisions plus rapidement et plus efficacement, en éliminant les doutes paralysants et en augmentant votre confiance dans votre capacité à prendre des décisions.

Je vous propose de considérer votre esprit comme un système d'exploitation. En ce moment, il est peut-être chargé de logiciels inutiles, de processus qui ralentissent ses performances et de trop nombreuses fenêtres ouvertes qui consomment toute la mémoire disponible. **La PNL est l'outil dont vous avez besoin pour optimiser ce système, en fermant les fenêtres inutiles, en éliminant le bruit et en permettant à votre esprit de fonctionner au maximum de son potentiel.**

Cette approche vous permettra non seulement de réfléchir plus rapidement, mais aussi de réduire l'épuisement mental. La clarté mentale ne vient pas du fait d'essayer d'en faire **plus**, mais d'en faire **moins**, mais avec une meilleure qualité. Vous apprendrez à organiser vos pensées de manière à vous concentrer sur ce qui compte vraiment, en augmentant votre productivité intellectuelle sans vous sentir submergé par trop de stimuli.

Comment la PNL vous permet de voir au-delà de l'évidence

Une autre erreur commune à de nombreux ouvrages sur l'agilité mentale est qu'ils se concentrent sur l'amélioration de la vitesse de la pensée, mais pas sur sa qualité. En d'autres termes, ils vous apprennent à penser plus vite, **mais pas mieux**. Et c'est là que la PNL s'avère vraiment efficace. Il ne s'agit pas seulement d'accélérer votre pensée, mais aussi **d'entraîner votre esprit à voir ce que les autres ne peuvent pas voir.** Grâce aux techniques que vous apprendrez dans ce livre, vous développerez une capacité unique à **recadrer les** situations, à observer des détails que d'autres ne voient pas et à relier des idées qui semblaient sans rapport.

Le recadrage est l'une des techniques les plus puissantes de la PNL. Souvent, nous nous retrouvons coincés dans des schémas de pensée qui nous empêchent de trouver des solutions. Mais lorsque vous êtes capable de voir une situation sous un angle différent, vous ouvrez la porte à de nouvelles possibilités. **L'agilité mentale n'est pas seulement une**

question de vitesse, c'est aussi une question de flexibilité.

Rappelez-vous la célèbre citation d'Épictète :

"Ce ne sont pas les choses qui nous dérangent, mais l'interprétation que nous en faisons".

C'est l'essence même du recadrage en PNL : **changer votre interprétation pour changer votre réalité.** En entraînant votre esprit à la flexibilité, vous réaliserez que, quelle que soit la complexité ou la difficulté d'une situation, il y a toujours un moyen de l'envisager sous un angle qui vous permet de trouver une solution.

C'est ce type de transformation qui vous attend dans ce livre. Il ne s'agit pas seulement de devenir plus rapide, mais de **penser mieux, avec plus de clarté et de profondeur.** Un esprit agile est un esprit qui, face à un obstacle, ne s'arrête pas à la première difficulté, mais cherche constamment de nouvelles façons de surmonter le défi. C'est ce que vous apprendrez au fil des chapitres.

Maintenant que vous connaissez le pouvoir du recadrage et que vous savez comment la PNL peut transformer votre capacité à prendre des décisions et à voir au-delà de l'évidence, vous êtes sur le point de découvrir des techniques encore plus puissantes qui débloqueront des niveaux d'agilité mentale que vous ne saviez même pas que vous possédiez.

Débloquer le potentiel caché : comment la PNL va au-delà des techniques superficielles

L'un des plus grands défauts des autres livres sur le sujet de l'agilité mentale est qu'ils restent en **surface**. Ils proposent des méthodes, certes, mais manquent de profondeur. Ils énumèrent des stratégies sans expliquer comment elles fonctionnent réellement dans la structure de votre esprit. Ils vous donnent des techniques, mais ne vous enseignent pas comment les appliquer dans différents contextes ou comment les adapter à votre propre style de pensée. C'est pourquoi de nombreuses personnes abandonnent ces méthodes, parce qu'elles n'en comprennent pas la véritable essence.

Ce qui fait la différence ici, c'est que la Programmation Neuro Linguistique (PNL) n'est pas simplement une liste de trucs à appliquer mécaniquement. La PNL va au **cœur de** la façon dont votre cerveau traite les informations, comment il encode les expériences et comment vous pouvez **reprogrammer** ces encodages pour obtenir les résultats que vous souhaitez.

Ce livre ne vous proposera pas de solutions "universelles". Au contraire, il vous permettra de **comprendre en profondeur** comment personnaliser ces outils pour qu'ils s'intègrent parfaitement à votre façon de penser et d'agir. L'agilité mentale ne consiste pas simplement à avoir plus de techniques dans sa manche, mais à savoir quand et comment les utiliser avec une précision chirurgicale. C'est ce qui sépare ceux qui obtiennent des résultats extraordinaires de ceux qui restent bloqués dans la médiocrité.

Lorsque d'autres livres échouent, c'est parce qu'ils n'explorent pas le véritable pouvoir de la PNL : sa capacité à créer des **changements profonds** dans le subconscient. Au lieu de vous proposer des techniques superficielles, ce livre étudie comment ces changements se produisent au niveau mental et comment vous pouvez les exploiter pour avoir un esprit non seulement agile, mais aussi **polyvalent** et **créatif** dans n'importe quelle situation.

La clé du changement : comment démanteler les schémas mentaux limitatifs

Maintenant, vous pouvez vous demander : **qu'est-ce qui me retient vraiment ?** Si tout cela semble si logique et évident, pourquoi tant de personnes restent-elles bloquées dans leurs anciennes façons de penser ?

La réponse se trouve dans quelque chose de simple mais de puissant : **vos schémas mentaux limitatifs.** La plupart des gens vivent enfermés dans un cycle de pensées répétitives, sans même en être conscients. C'est comme marcher dans un labyrinthe sans se rendre compte qu'il y a une issue. Ces schémas limitent votre capacité à voir au-delà de l'évidence, à sortir des sentiers battus ou à trouver des solutions créatives.

La PNL est l'outil dont vous avez besoin pour **briser ce cycle.** En utilisant les principes que vous apprendrez ici, vous serez en mesure d'identifier ces schémas et de **les démanteler.** Vous n'aurez plus à vous contenter du même vieil état d'esprit ; vous aurez la capacité de défaire ces vieilles habitudes mentales qui vous ont bloqué.

> *"Tout dépend de la façon dont nous voyons les choses, et non de la façon dont elles sont réellement.*
> *- Carl Jung*

L'une des raisons pour lesquelles les méthodes traditionnelles d'agilité mentale ne parviennent pas à produire un changement durable est qu'elles n'attaquent pas le problème à la racine. Elles essaient de vous apprendre à **nager** dans une mer de pensées sans d'abord vous apprendre à **flotter.** Ce livre est différent parce qu'il ne vous montre pas seulement comment gérer vos pensées, mais aussi comment **reconstruire** la structure de votre pensée à partir de la base.

L'esprit humain est malléable et la PNL vous permet de contrôler cette plasticité. Au lieu de laisser votre esprit suivre de vieux chemins encore et encore, vous apprendrez à **créer de nouvelles voies neuronales,** ouvrant **ainsi** la porte à un changement véritablement transformateur. C'est la base d'un esprit agile : la capacité de **redéfinir** votre pensée afin qu'elle travaille pour vous, et non contre vous.

Comment la PNL transforme la prise de décision en un processus intuitif

Un autre domaine dans lequel les livres conventionnels échouent est celui de la prise de décision. Ils nous apprennent souvent à peser le pour et le contre, à évaluer les options de manière logique et objective. Mais ce qu'ils ne vous disent pas, c'est que **la plupart de nos décisions ne sont pas logiques** ; elles sont guidées par nos émotions et nos schémas mentaux subconscients.

C'est là que la PNL a un impact significatif. Au lieu de baser vos décisions uniquement sur une analyse rationnelle, la PNL vous apprend à accéder à vos **ressources intérieures** : votre intuition, vos expériences passées et la richesse de votre subconscient. Ainsi, vos décisions **deviennent plus rapides,** plus **sûres** et surtout plus **justes.**

La chose la plus importante que vous apprendrez est qu'un esprit agile n'est pas un esprit qui hésite entre des options sans fin, mais un esprit **qui agit avec certitude**. Et cette certitude provient d'une compréhension profonde de la façon dont vos pensées et vos émotions interagissent dans le processus de prise de décision. Ce livre vous aidera à affiner cette compétence, ce qui vous permettra d'agir rapidement et efficacement, même dans des situations complexes.

En apprenant à utiliser consciemment votre intuition, vous découvrirez une compétence que beaucoup de gens ignorent ou sous-estiment. Au lieu de laisser vos émotions vous dominer, vous apprendrez à **les canaliser** pour qu'elles jouent en votre faveur. Cela vous donnera un avantage mental qui vous distinguera de tous ceux qui sont encore prisonniers de la logique linéaire.

Briser les barrières : le pouvoir de recadrer sa réalité

Jusqu'à présent, nous avons exploré l'importance de **briser les schémas mentaux limitatifs** et de prendre des décisions rapidement et avec confiance, mais il existe une technique fondamentale de la PNL qui est capable de changer complètement la façon dont vous percevez votre réalité : le **recadrage**.

Le recadrage est une technique qui vous permet de changer votre **interprétation d'**une situation sans modifier les faits. Il s'agit d'un outil incroyablement puissant, car il vous permet de modifier votre perception d'un problème, d'un obstacle ou d'un défi et de le transformer en **opportunité.** Au lieu de considérer les problèmes comme des obstacles, le recadrage vous apprend à les voir comme des **points d'apprentissage**, voire des tremplins vers une solution plus créative.

Il s'agit d'un point crucial où les autres livres échouent lamentablement. La plupart des méthodes conventionnelles se concentrent sur le changement de l'**extérieur** : changement de l'environnement, des circonstances ou de la situation. Mais ce qu'elles ne vous disent pas, c'est que **le**

véritable changement commence de l'intérieur. Changez la façon dont vous percevez votre réalité, et vous changerez la réalité elle-même.

"La seule façon de faire face au changement est de s'y adapter et de s'y épanouir." - Charles Darwin

Grâce à la PNL et au recadrage, vous apprendrez à renverser radicalement des situations qui vous paralysent habituellement. Ce n'est pas de la magie, c'est de la neuroscience pure appliquée. C'est ce changement de perspective qui vous permettra d'être non seulement plus agile, mais aussi plus **résilient** dans le monde moderne. Car en fin de compte, il ne s'agit pas d'éviter les problèmes, mais d'apprendre à **les recadrer de** manière à toujours trouver une issue ou une opportunité là où les autres ne voient que des blocages.

Ce que je vous propose dans ce livre n'est pas seulement un ensemble de techniques, mais **une approche holistique** pour transformer votre façon de penser, de décider et d'agir dans le monde. Un esprit véritablement agile ne se bloque pas face aux défis, mais les traverse avec créativité et confiance.

C'est le changement qui vous attend.

Chapitre 2 : Améliorer sa créativité grâce à des techniques PNL simples

Pour beaucoup, la créativité est réservée à quelques privilégiés, ces individus qui semblent être nés avec un esprit plus vif, avec une capacité innée à générer des idées fraîches et innovantes. Et si je vous disais que cette hypothèse est complètement fausse ? **La créativité n'est pas un don inné ; c'est une compétence que vous pouvez développer.** Peu importe le nombre de fois où vous vous êtes convaincu du contraire, la créativité peut être entraînée, comme n'importe quelle autre compétence, et les techniques de PNL que vous trouverez ici sont la clé pour libérer ce potentiel.

Vous vous demandez peut-être : **"Pourquoi n'ai-je pas réussi à être plus créatif, même après avoir lu tant de livres et essayé tant de techniques ?** La plupart des méthodes existantes tentent de vous faire croire que la **créativité** est un processus magique ou éthéré, mais ce qu'elles ne vous disent pas vraiment, c'est que **la créativité est le résultat de la façon dont vous organisez et accédez à votre subconscient**. Les livres conventionnels s'intéressent rarement à la façon dont vous pouvez reprogrammer vos schémas mentaux pour générer de la créativité à la demande. C'est là que la PNL offre quelque chose de vraiment révolutionnaire.

Briser les mythes de la créativité et de l'inspiration

L'un des plus grands mythes qui circulent sur la créativité est qu'il faut attendre que "l'inspiration frappe". Ce mythe a poussé trop de gens à attendre passivement que les idées viennent à eux, comme s'ils n'étaient que les destinataires d'une force extérieure. Cependant, des études neuroscientifiques et des techniques de PNL ont montré qu'il est possible de **déclencher la** créativité, plutôt que d'attendre qu'elle vienne par hasard.

La PNL, en travaillant directement avec les circuits mentaux qui dirigent vos pensées, vous permet de créer des états d'esprit qui favorisent l'innovation. Au lieu de compter sur l'inspiration, vous apprendrez à **concevoir consciemment votre environnement mental de** manière à ce que la créativité coule de source. Cela implique de reconfigurer la manière dont vous abordez les problèmes, de modifier les questions que vous vous posez et d'entraîner votre esprit à voir des possibilités là où il n'y avait auparavant que des obstacles.

"La créativité, c'est l'intelligence qui s'amuse. - Albert Einstein

Cette approche est radicalement différente de celle que l'on trouve dans d'autres livres, qui sont souvent remplis de conseils superficiels tels que "soyez plus curieux" ou "gardez l'esprit ouvert". Ce sont de bons principes, mais ils n'offrent pas d'itinéraire clair pour y parvenir. Avec les techniques que je présente ici, vous apprendrez à **activer votre créativité à volonté**.

Le pouvoir du recadrage : voir l'ordinaire d'un point de vue inhabituel

L'un des outils les plus puissants que la PNL met à votre disposition pour améliorer votre créativité est le **recadrage**.

Avez-vous déjà remarqué que deux personnes peuvent regarder la même situation, mais arriver à des conclusions complètement différentes ? Ce qui peut sembler être une impasse pour l'un est une opportunité déguisée pour l'autre. Il ne s'agit pas d'optimisme ou de pessimisme, mais de la façon dont l'esprit perçoit la réalité.

Le recadrage est la capacité de prendre n'importe quelle situation ou idée et de **changer le contexte** dans lequel vous la percevez. En changeant le cadre de référence, vous changez l'interprétation. Et en changeant l'interprétation, vous pouvez voir ce qui semblait impossible ou stagnant d'un point de vue nouveau, frais et créatif.

C'est particulièrement utile lorsque vous êtes confronté à des blocages créatifs. Au lieu de vous frustrer, vous pouvez apprendre à **recadrer la situation**, ce qui ouvre de nouvelles portes et de nouvelles voies à la pensée innovante.

> *"Le véritable voyage de découverte ne consiste pas à chercher de nouveaux paysages, mais à regarder avec de nouveaux yeux." - Marcel Proust*

Le recadrage n'est pas seulement utile pour débloquer la pensée, mais aussi pour générer des idées totalement nouvelles. En pratiquant cette technique, vous vous rendrez compte qu'il ne s'agit pas seulement de résoudre des problèmes, mais aussi de générer des solutions que vous n'aviez pas envisagées auparavant.

Utiliser l'état optimal pour libérer la créativité

La créativité s'épanouit dans certains états mentaux et émotionnels. Si vous essayez d'être créatif alors que vous vous sentez stressé, épuisé ou démotivé, le résultat sera au mieux médiocre. L'essentiel est de **créer l'état d'esprit optimal** pour que votre créativité s'épanouisse.

C'est un autre point sur lequel de nombreux livres sur la créativité échouent. Ils vous proposent des exercices, mais ne vous préparent pas mentalement et émotionnellement à entrer dans le bon état. Avec la PNL, vous n'apprenez pas seulement des techniques, mais vous développez également la capacité d'**induire des états d'esprit spécifiques** qui maximisent votre capacité créative.

La technique de l'**ancrage** est l'une des plus efficaces dans ce contexte. L'ancrage permet d'associer certains états émotionnels à des stimuli spécifiques, de sorte que lorsque vous avez besoin d'accéder à un état créatif, vous pouvez le déclencher immédiatement. Ainsi, vous n'êtes plus dépendant de l'environnement ou du moment ; vous contrôlez entièrement votre capacité à être créatif.

Imaginez un instant ce que serait la possibilité d'accéder à votre créativité à tout moment, quoi qu'il se passe autour de vous. C'est une capacité que très peu de gens possèdent, et c'est l'une des raisons pour lesquelles certaines personnes semblent **être constamment créatives**, alors que d'autres ont du mal à trouver des idées.

Surmonter la peur de l'échec créatif

Le plus grand ennemi de la créativité n'est pas le manque d'idées, mais **la peur de l'échec**. Trop souvent, nous sommes paralysés non pas parce que nous ne parvenons pas à trouver des idées, mais parce que nous craignons que ces idées ne soient pas assez bonnes. Cette peur du jugement, de l'échec ou du rejet peut réduire au silence même l'esprit le plus créatif.

C'est là que la PNL fait toute la différence. Au lieu d'éviter la peur, elle vous apprendra à **reprogrammer** votre relation avec elle. Ce n'est pas la peur elle-même qui vous bloque, mais l'interprétation que vous lui donnez. Grâce aux techniques de la PNL, vous apprendrez à **désactiver** cette peur, de sorte qu'elle ne soit plus un obstacle, mais un **allié.** Au lieu de la considérer comme un ennemi, vous commencerez à l'utiliser comme un signe que vous êtes en train d'explorer des territoires mentaux qui peuvent vous conduire à des idées vraiment novatrices.

> *"La plus grande erreur que l'on puisse commettre dans la vie est d'avoir peur de se tromper. - Elbert Hubbard*

Il est essentiel de surmonter la peur de l'échec créatif pour libérer son potentiel. Lorsque vous apprenez à considérer l'erreur comme faisant partie du processus créatif, vous vous libérez des contraintes qui vous enfermaient dans des schémas de pensée conventionnels. La peur ne sera plus un obstacle, mais une **source de motivation**.

Un système pour la créativité : concevoir son propre processus créatif

Tous les esprits ne fonctionnent pas de la même manière, et c'est là que réside une autre faiblesse des approches traditionnelles de la créativité. Elles vous disent de suivre certaines étapes, de faire certains exercices, mais **ignorent l'individualité** de votre processus de pensée. La PNL, en revanche, reconnaît que chaque personne a un style de pensée unique et vous aide donc à **concevoir votre propre processus créatif.**

Il ne s'agit pas d'une approche générique, mais d'un système que vous pouvez adapter à vos besoins et à vos préférences. Vous apprendrez à identifier les moments de la journée où vous êtes le plus créatif, les environnements qui stimulent votre esprit et les techniques qui fonctionnent le mieux pour vous. Au final, vous disposerez d'un processus

unique et efficace qui vous permettra d'accéder à votre créativité à tout moment.

Cette approche individualisée est ce qui distingue vraiment la PNL des autres méthodes. Elle ne vous apprend pas seulement à être créatif, mais vous permet de **comprendre votre propre processus créatif** à un niveau profond, afin que vous puissiez l'affiner au fil du temps.

Maintenant que vous connaissez les outils et la puissance de la PNL pour débloquer votre créativité, vous êtes au seuil de quelque chose de grand. Ce qui va suivre va non seulement changer votre façon de penser, mais aussi votre façon de créer.

L'état d'esprit de l'abondance créative : comment la PNL vous aide à générer des idées infinies

L'une des plus grandes erreurs commises par la plupart des livres sur la créativité est de se limiter à penser que la créativité a un plafond. Les soi-disant "blocages créatifs" sont évoqués comme s'il s'agissait de barrières inamovibles, alors qu'il s'agit en fait de constructions mentales que nous autorisons nous-mêmes à exister. **La créativité ne s'épuise pas**. Ce n'est pas une ressource limitée ou quelque chose que l'on peut "perdre". La vérité est que la source d'idées est toujours disponible, mais qu'il **vous appartient d'ouvrir le flux**.

La programmation neurolinguistique vous apprend à accéder à ce flux d'idées en permanence. Grâce à la PNL, vous apprenez **à débloquer les voies subconscientes** qui limitent votre esprit, ce qui vous permet d'entrer dans ce que l'on appelle un "état d'esprit d'abondance". Ce concept fait référence à la croyance qu'il y a toujours plus d'idées, plus de solutions, plus de façons de voir le monde. Vous n'êtes pas prisonnier d'un seul point de vue ou d'un nombre limité d'options.

La plupart des livres sur la créativité échouent parce qu'ils se concentrent uniquement sur des techniques qui génèrent des idées de manière mécanique, telles que la cartographie mentale ou le brainstorming. Ce sont de bonnes ressources, mais elles ne fonctionnent que jusqu'à un certain point. La véritable clé d'une créativité **illimitée** réside dans l'entraînement de votre esprit à ne pas dépendre d'outils externes, mais à faire confiance à votre capacité naturelle à **créer des liens** entre les idées de manière fluide et spontanée.

Éviter le redoutable blocage créatif

L'une des plus grandes craintes des créatifs est le **blocage mental**. Le blocage se présente comme un ennemi invisible, un sentiment de vide où l'on a l'impression que, quels que soient les efforts que l'on déploie, on n'arrive pas à générer quelque chose de nouveau ou de valable. La bonne nouvelle, c'est qu'il est facile d'éviter ce phénomène si l'on comprend comment il fonctionne réellement.

En PNL, il est reconnu que les blocages créatifs ne sont pas un **manque** d'idées, mais un **manque d'accès** aux idées qui existent déjà en vous. Cela se produit parce que votre esprit est surchargé de jugements, d'attentes et de pression, ce qui interfère avec le flux naturel de la créativité. Lorsque vous vous libérez de ces blocages émotionnels et mentaux, vous constatez que les idées commencent à jaillir naturellement.

La clé pour éviter les blocages est de travailler sur les émotions qui en sont la cause. C'est là qu'intervient l'un des outils les plus puissants de la PNL : le **démantèlement des croyances limitantes**. Souvent, les blocages créatifs trouvent leur origine dans des croyances telles que "je ne suis pas assez bon", "les grandes idées ont déjà été inventées" ou "ça ne marchera pas". En utilisant les techniques de la PNL, vous pouvez **démanteler** ces croyances et les remplacer par des pensées qui stimulent votre créativité, telles que "il y a toujours plus de possibilités" ou "chaque idée a de la valeur".

"L'esprit qui s'ouvre à une nouvelle idée ne revient jamais à sa taille initiale. - Albert Einstein

L'art de poser des questions puissantes pour stimuler la créativité

L'un des éléments les moins explorés dans la plupart des livres sur la créativité est le **pouvoir de poser des questions**. Les questions que vous vous posez jouent un rôle crucial dans votre capacité à générer de nouvelles idées. Si vous vous demandez "pourquoi je n'arrive pas à trouver une bonne idée" ou "et si j'échoue", votre esprit répondra à ces questions par des preuves de vos échecs ou de votre manque supposé de créativité.

Mais la PNL vous apprend que le véritable art de la créativité commence lorsque vous apprenez à vous poser **des questions puissantes**. Des questions qui ne se contentent pas d'activer votre curiosité, mais qui **déclenchent** également de nouvelles connexions neuronales, entraînant votre esprit vers des territoires inexplorés. Au lieu de vous demander "pourquoi je ne peux pas ?", posez-vous la question "comment puis-je améliorer cette idée ?", "qu'est-ce que je n'ai pas encore envisagé ?" ou "quelles perspectives nouvelles puis-je appliquer ici ?".

Le type de questions que vous posez détermine la qualité des réponses que vous obtiendrez. Si vous vous limitez à des questions fermées, vos réponses seront limitées. En revanche, si vous **posez des questions ouvertes**, vous vous autorisez à explorer des idées sans restriction, ce qui accroît votre capacité créative.

> *"Jugez un homme à ses questions plutôt qu'à ses réponses". - Voltaire*

Ce principe ne s'applique pas uniquement à la créativité ; il peut être utilisé dans tous les domaines de la vie. Les questions sont le **moteur** qui pousse votre pensée dans de nouvelles directions, et plus vous deviendrez habile dans l'art de poser des questions, plus vous développerez rapidement et efficacement votre capacité créative.

Le rôle de l'environnement mental et physique dans la créativité

Un autre aspect que de nombreux livres sur la créativité n'abordent pas souvent en profondeur est l'**importance de l'environnement**. Votre environnement physique et mental joue un rôle déterminant dans votre capacité à être créatif. Si vous essayez de générer des idées dans un environnement stressant, désorganisé ou distrayant, vos résultats seront médiocres, quelles que soient les techniques que vous appliquerez.

Votre environnement mental est tout aussi important. La **tranquillité d'esprit** est essentielle pour que les idées jaillissent. La PNL vous fournit des outils pour dégager votre espace mental, en éliminant les pensées négatives ou dérangeantes qui interfèrent avec le processus créatif. En apprenant à **vous ancrer** dans des états d'esprit positifs et productifs, vous pouvez entrer dans un état optimal de créativité à tout moment.

L'environnement physique est également crucial. Parfois, un simple changement dans votre espace de travail peut déclencher un flot d'idées. La lumière, le son, le confort de votre chaise, voire la couleur des murs, peuvent influencer votre état d'esprit et donc votre capacité à générer des idées. La créativité a besoin d'espace, à la fois physique et mental, et votre tâche consiste à aménager cet espace de la meilleure façon possible afin que votre esprit puisse fonctionner à son plein potentiel.

> *"Les environnements créatifs engendrent des esprits créatifs. - Austin Kleon*

Grâce à la PNL, vous apprendrez à **concevoir consciemment** votre environnement, tant interne qu'externe, de manière à favoriser votre processus créatif. Au lieu de laisser les circonstances déterminer votre état créatif, vous prendrez le contrôle de votre environnement, maximisant ainsi votre capacité à générer des idées.

Passer de l'inspiration à l'action : Le secret que les autres livres ne vous disent pas

Enfin, l'un des aspects les plus frustrants auxquels de nombreuses personnes sont confrontées est le fossé qui sépare **l'idée de sa mise en œuvre**. Combien de fois avez-vous eu une idée brillante pour la laisser mourir faute d'action ? C'est un problème qui touche de nombreux créatifs, et les autres livres offrent rarement une solution claire à ce problème.

La PNL vous offre un pont entre l'inspiration et l'action. Une fois que vous avez généré une idée, il est essentiel de **l'ancrer dans le monde réel**. Cela signifie qu'il faut traduire l'idée en étapes concrètes et réalisables. Le problème n'est pas le manque d'idées, mais l'incapacité à les structurer en actions claires. La PNL vous apprend à **ancrer** efficacement ces idées créatives dans votre réalité, afin qu'elles ne restent pas dans votre esprit.

C'est là que beaucoup d'autres livres échouent, car ils se concentrent sur la partie romantique de la créativité : l'inspiration. Mais ce qui fait vraiment la différence, c'est votre capacité à transformer cette inspiration en résultats tangibles. Au lieu de rester au niveau des idées, vous apprendrez à passer rapidement à l'**exécution**, en veillant à ce que vos idées ne soient pas seulement utiles, mais qu'elles prennent vie.

> *"L'inspiration existe, mais elle doit vous trouver en travaillant. - Pablo Picasso*

Ce livre ne vous apprendra pas seulement à générer des idées illimitées, mais vous guidera dans l'apprentissage de la **transformation de ces idées en réalité**, de sorte que la créativité ne soit pas une chose abstraite, mais un outil puissant qui propulse votre vie et votre carrière vers le succès.

La PNL n'est pas seulement un ensemble de techniques, c'est un système complet qui transforme votre façon de penser, d'agir et de créer. Maintenant que vous comprenez le fonctionnement de ce processus, vous êtes sur la bonne voie pour maîtriser une **créativité sans limite**.

Libérer la créativité du subconscient : Comment la PNL vous permet d'accéder à des ressources inexploitées

L'un des domaines les plus puissants de la Programmation Neurolinguistique est sa capacité à vous aider à **accéder au subconscient**, un vaste terrain plein de potentiel créatif que la plupart des gens effleurent à peine. C'est là que la plupart des livres de développement personnel et de créativité échouent : ils vous donnent des outils pour travailler au niveau conscient, mais ignorent le vaste océan de ressources qui se trouve juste sous la surface. C'est dans le subconscient que réside la véritable magie de la créativité.

Le subconscient fonctionne avec des associations, des symboles et des schémas que votre esprit conscient perçoit rarement de manière active. C'est là que la PNL intervient, en vous proposant des techniques qui vous permettent **d'interagir directement avec ce vaste réservoir d'informations et de créativité latente**. Imaginez un instant ce que ce serait d'avoir un accès permanent aux idées et aux solutions que votre esprit traite en arrière-plan depuis des années.

> *"Une idée n'est rien d'autre qu'une association d'idées déjà existantes dans l'esprit, réarrangées. - Mark Twain*

En réalité, vous disposez déjà de toute la créativité dont vous avez besoin. Ce livre vous apprendra à la faire jaillir naturellement, sans l'interférence de blocages mentaux ou de distractions quotidiennes. Lorsque vous apprenez à utiliser la PNL pour vous connecter à votre subconscient, le flux d'idées devient constant et, surtout, **inépuisable**.

Comment la visualisation dirigée stimule le processus créatif

La **visualisation dirigée est** une technique centrale de la PNL que vous ne pouvez pas négliger. Cette technique va bien au-delà des visualisations superficielles que vous pouvez trouver dans d'autres livres de développement personnel. La visualisation dirigée, lorsqu'elle est appliquée correctement, vous permet de créer une **interaction profonde avec**

votre subconscient, vous donnant accès à des schémas mentaux qui ne sont pas activés consciemment.

La visualisation ne consiste pas simplement à imaginer, mais à créer une image si vivante et détaillée que votre esprit la perçoit comme une réalité. Ce qui rend la PNL unique, c'est qu'elle vous apprend à utiliser la visualisation non seulement comme un outil pour générer des idées, mais aussi pour **manipuler et façonner** ces idées avant qu'elles n'atteignent votre esprit conscient.

Par exemple, si vous cherchez une solution à un problème, plutôt que de vous enliser dans des pensées répétitives, la visualisation dirigée vous permettra d'**entrer dans un état créatif profond**, où les solutions émergeront avec clarté. Il s'agit d'une ressource incroyablement puissante, car vous ne forcez pas la créativité, vous lui permettez de jaillir librement du plus profond de votre esprit.

> *"L'esprit n'est pas un récipient à remplir, mais une lampe à allumer. - Plutarque*

Lorsque vous apprendrez à utiliser la visualisation guidée, vous commencerez à remarquer que vos idées circulent avec une facilité que vous ne pensiez pas possible auparavant. De plus, vous apprendrez à puiser dans ce flux à des moments où vous vous sentiriez normalement bloqué ou stressé. À la fin de la journée, non seulement vous serez plus créatif, mais vous **maîtriserez parfaitement le moment et la manière dont vous utilisez cette créativité**.

Reconfigurer l'esprit pour un succès créatif : au-delà de l'inspiration

La créativité n'est pas qu'une question d'inspiration. L'inspiration n'est que la première étape d'un processus beaucoup plus vaste. C'est une erreur que commettent de nombreux ouvrages : ils vous apprennent à chercher l'inspiration sans vous enseigner comment entretenir cette étincelle et la transformer en quelque chose de concret. Le véritable succès créatif réside dans votre capacité à **reconnecter votre esprit de** manière à ce qu'il soit aligné sur le flux constant d'idées et sur la volonté de mettre ces idées en œuvre.

La PNL vous apprend que la créativité peut être **structurée** et **systématisée** sans perdre son essence spontanée. Cette approche structurée vous permettra non seulement de générer des idées, mais aussi de les organiser, de les affiner et de les mettre en œuvre. Par l'**ancrage** et la **répétition de schémas efficaces**, la PNL vous aide à établir des circuits mentaux qui vous permettront d'accéder à vos ressources créatives de manière cohérente.

> *"Le génie, c'est 1 % d'inspiration et 99 % de transpiration. - Thomas Edison*

Il est important de comprendre qu'être créatif ne consiste pas simplement à attendre que la "grande idée" se présente. Il s'agit d'avoir un système, une méthode qui permet de générer constamment des idées et d'en **faire quelque chose**. Et c'est là que la PNL vous donne un avantage incomparable par rapport à d'autres approches.

La PNL et le pouvoir des métaphores : comment le langage façonne votre créativité

Un autre outil incroyablement puissant que la PNL met à votre disposition est l'utilisation du **langage métaphorique**. Les métaphores sont bien plus que des figures littéraires ; ce sont des outils que votre esprit utilise pour structurer la réalité. Votre esprit ne pense pas seulement en termes de mots et de concepts, mais aussi en termes d'images et de métaphores. Ces métaphores structurent votre perception du monde et donc votre créativité.

Lorsque vous apprenez à maîtriser l'utilisation des métaphores grâce à la PNL, vous commencez à voir des liens là où il n'y en avait pas auparavant. **Les métaphores peuvent transformer un problème en une opportunité, une idée vague en un concept clair.** Mais surtout, l'utilisation consciente de métaphores vous permettra d'accéder à des idées et des schémas de pensée cachés que votre esprit conscient n'a pas l'habitude d'explorer.

> *"L'esprit humain pense en images et non en mots. - Aristote*

Vous découvrirez que les problèmes créatifs auxquels vous êtes confrontés ne sont souvent rien d'autre qu'une question de formulation de la situation. En changeant la métaphore que vous utilisez pour décrire un défi, vous pouvez débloquer une avalanche de solutions. C'est quelque chose que les autres livres ne vous apprennent pas : le véritable pouvoir des métaphores pour **transformer votre processus créatif** de l'intérieur.

Éviter les erreurs courantes : le piège de la surcharge créative

C'est sur ce point que les autres ouvrages consacrés à la créativité laissent souvent à désirer. Ils vous enseignent comment générer des idées, mais ne vous mettent pas en garde contre les dangers d'une **surcharge créative**. Que se passe-t-il lorsque vous avez trop d'idées et que vous ne savez pas par où commencer ? La plupart des gens, lorsqu'ils atteignent ce stade, se sentent dépassés et finissent par ne rien faire.

La PNL offre une solution claire et efficace pour éviter ce problème : la **hiérarchisation créative**. Grâce à la PNL, vous apprendrez à classer et à organiser vos idées afin de vous concentrer sur celles qui ont vraiment du potentiel, sans vous perdre dans l'immensité des possibilités. Cela ne signifie pas que vous rejetterez les autres idées, mais que vous saurez **gérer** votre flux créatif pour maximiser les résultats.

> *"La perfection n'est pas atteinte quand il n'y a plus rien à ajouter, mais quand il n'y a plus rien à enlever." - Antoine de Saint-Exupéry*

Cette approche vous permet d'éviter l'épuisement mental qui accompagne la surcharge créative, un écueil courant que les autres ouvrages n'abordent souvent pas. Vous apprendrez ici à maintenir un équilibre entre la génération d'idées et l'exécution, ce qui vous permettra d'être non seulement créatif, mais aussi **efficace** dans la mise en œuvre de vos idées.

La simplicité, clé du génie créatif

Enfin, un point crucial que beaucoup négligent est que le véritable **génie** créatif ne réside pas dans la complexité, mais dans la **simplicité**. L'esprit créatif le plus puissant n'est pas celui qui génère des idées compliquées, mais celui qui trouve des **solutions simples** à des problèmes complexes. Et c'est quelque chose que la PNL enseigne magistralement.

La PNL vous aide à décomposer des problèmes apparemment insurmontables en **éléments gérables**, ce qui vous permet de trouver des solutions claires et simples. C'est l'une des clés du génie créatif : ce n'est pas celui qui invente le plus complexe, mais celui qui **sait simplifier** le complexe pour le rendre accessible et utile.

Lorsque vous maîtrisez l'art de la simplicité, votre créativité devient vraiment puissante, car vous pouvez appliquer vos idées immédiatement, sans les barrières d'une complexité inutile. La PNL vous apprendra à penser comme les grands génies : de manière claire, directe et ciblée.

Dans cette optique, vous êtes à l'aube de quelque chose d'extraordinaire : un processus de créativité non seulement constant, mais aussi efficace, simple et profond.

Chapitre 3 : Stratégies pour aiguiser votre réflexion en un temps record

Dans un monde où la rapidité d'esprit peut faire la différence entre saisir une opportunité ou la manquer, développer sa capacité à **aiguiser rapidement sa pensée** est devenu une compétence cruciale. Dans de nombreux cas, la rapidité d'esprit est confondue avec l'impulsivité, mais rien n'est plus éloigné de la vérité. Être mentalement rapide ne signifie pas réagir sans réfléchir, mais être capable **de traiter les informations avec précision et rapidité**. Ce chapitre vous montrera comment utiliser la Programmation Neuro Linguistique (PNL) pour parvenir exactement à cela : penser vite et bien.

L'un des problèmes les plus courants rencontrés par les personnes qui cherchent à améliorer leur capacité à penser plus vite est qu'elles ont tendance à sous-estimer l'importance de l'**entraînement de l'esprit**. Souvent, les livres sur la productivité et l'agilité mentale échouent parce qu'ils se concentrent exclusivement sur des techniques superficielles telles que l'établissement de listes, l'organisation des tâches ou la création de routines. Ces méthodes peuvent être utiles d'un point de vue pratique, mais elles ne s'attaquent pas au cœur du problème : la **façon dont votre esprit fonctionne** en période de forte pression.

La PNL vous apprend à transformer votre processus mental, et non à lui imposer de nouvelles règles. Vous ne trouverez pas ici de conseils pour mieux organiser votre bureau ou planifier votre journée ; vous apprendrez plutôt à

reprogrammer les schémas mentaux qui ralentissent votre prise de décision et votre exécution.

La mentalité de la décision instantanée

La pensée rapide a beaucoup à voir avec la **prise de décision instantanée**. Il ne s'agit pas d'agir sans réfléchir, mais d'**accéder** immédiatement **à ses ressources intérieures**. La clé de cette démarche réside dans une vérité que les autres livres abordent rarement : la plupart de nos décisions ne sont pas le résultat d'un processus logique conscient, mais de réponses automatiques profondément enracinées dans notre subconscient.

Avec la PNL, vous pouvez **reconnecter ces réponses automatiques** pour qu'elles travaillent pour vous plutôt que contre vous. Grâce à des techniques telles que l'ancrage, vous pouvez apprendre à accéder aux états mentaux qui favorisent une prise de décision rapide et efficace. La bonne nouvelle, c'est que vous n'avez pas besoin d'attendre des années pour développer cette compétence. Grâce aux outils que vous apprendrez ici, vous commencerez à remarquer une différence presque immédiate dans votre capacité à traiter et à agir rapidement.

"La vitesse ne consiste pas à se précipiter, mais à savoir choisir la bonne direction avant de faire le premier pas". - Sénèque

Il est important de prendre conscience d'une chose essentielle : **votre esprit sait déjà comment être rapide**. Il suffit de lui donner accès aux bonnes ressources au bon moment. Il ne s'agit pas d'apprendre à penser plus vite, mais d'apprendre à **penser mieux en moins de temps**. Et c'est précisément ce que fait la PNL : elle vous connecte aux ressources internes qui vous permettent de prendre des décisions presque instinctivement.

Éviter la surcharge mentale

La **surcharge mentale** est l'un des principaux obstacles auxquels se heurtent les personnes désireuses de penser plus vite. Ce phénomène se produit lorsque nous essayons de traiter trop d'informations à la fois, ce qui entraîne une sorte de paralysie mentale. **Le multitâche est l'une des causes les plus courantes de** cette **surcharge**, et bien que de nombreuses personnes le présentent comme une compétence souhaitable, la réalité est qu'essayer de faire trop de choses à la fois ne fait que réduire votre efficacité mentale.

La PNL vous apprend à **filtrer** efficacement **les** informations. Grâce à des techniques de modélisation mentale, vous apprendrez à entraîner votre esprit à **séparer l'essentiel de l'insignifiant**. Cela vous permettra non seulement de penser plus rapidement, mais aussi avec plus de clarté. L'une des techniques les plus puissantes pour y parvenir est l'**ancrage de la concentration**, où vous apprenez à conditionner votre esprit à entrer dans un état de concentration totale lorsque vous en avez besoin.

> *"La clarté d'esprit est le premier pas vers la rapidité d'esprit. - Lao Tse*

Au lieu d'essayer de forcer votre esprit à faire plus en moins de temps, ce qu'il faut vraiment faire, c'est lui apprendre à **éliminer le superflu**. C'est ce qui fait la différence entre une personne qui réfléchit vite et une autre qui est simplement occupée : la capacité de filtrer les informations en temps réel et de se concentrer uniquement sur ce qui est important.

Recadrage : penser à des solutions plutôt qu'à des problèmes

L'une des techniques les plus sous-estimées de la PNL est le **recadrage**. Cette technique est particulièrement utile lorsque vous êtes confronté à des situations complexes ou lorsque vous sentez que votre esprit bloque. Le **recadrage vous permet de changer votre perception d'un problème**, ce qui vous permet de l'aborder sous un angle complètement nouveau.

Pensez à une situation dans laquelle vous vous sentez pris au piège ou dépassé. Vous avez peut-être essayé différentes approches, mais vous ne trouvez toujours pas la solution. Ce dont vous avez besoin, ce n'est pas de plus de temps ou d'efforts ; ce dont vous avez besoin, c'est d'**envisager la situation sous un autre angle**. C'est ce que le recadrage vous permet de faire. Lorsque vous êtes capable de changer la façon dont vous percevez un problème, vous pouvez trouver des solutions qui étaient auparavant invisibles.

> *"Les problèmes ne peuvent être résolus au même niveau de pensée que celui auquel ils ont été créés."*
> *- Albert Einstein*

Le recadrage vous donne le pouvoir de **transformer n'importe quelle situation**, aussi compliquée ou difficile soit-elle. La plupart des blocages mentaux surviennent parce que nous nous concentrons sur le problème plutôt que sur la solution. **Le simple fait de passer du "pourquoi ?" au "comment ?" peut déclencher un flot de solutions créatives**.

Le pouvoir des états mentaux dans la réflexion rapide

Un autre aspect crucial de la pensée agile est l'**état d'esprit**. Vous ne pouvez pas vous attendre à être rapide et efficace si votre état émotionnel est marqué par l'anxiété, le stress ou la peur. Ces états d'esprit obscurcissent votre capacité à penser clairement et ralentissent votre processus mental. La PNL vous apprend à **contrôler et à modifier votre état d'esprit** à volonté.

Le contrôle de l'état est l'une des techniques les plus puissantes que vous apprendrez ici. Elle vous permettra non seulement d'accéder à un état de concentration maximale lorsque vous en avez besoin, mais elle vous donnera également la capacité de **récupérer rapidement** en cas de distraction ou d'interruption. Pensez-y : les meilleurs penseurs ne sont pas ceux qui ne sont jamais distraits, mais ceux qui savent comment **récupérer en quelques secondes** et revenir à un état de concentration maximale.

"La maîtrise de soi est le véritable pouvoir. - Sun Tzu

Apprendre à changer votre état d'esprit à volonté vous donnera un avantage considérable sur la plupart des gens, qui sont esclaves de leurs émotions. Avec la PNL, c'est vous **qui déciderez quand et** comment **penser** rapidement et clairement.

La technique d'ancrage pour accéder à la résolution rapide de problèmes

Enfin, l'une des techniques PNL les plus pratiques et les plus utiles pour penser rapidement dans les situations critiques est l'**ancrage**. L'ancrage est une technique qui permet d'**associer un état mental ou émotionnel à un stimulus spécifique**. Par exemple, vous pouvez vous entraîner à ce que chaque fois que vous faites un geste spécifique (comme serrer le poing ou toucher le poignet), votre esprit entre automatiquement dans un état de concentration totale.

Ce type de conditionnement vous permettra d'accéder presque instantanément à un état de résolution de problèmes. Au lieu d'essayer de vous calmer ou de vous concentrer au milieu d'une crise, vous aurez déjà préprogrammé votre esprit pour qu'il **réagisse de la manière la plus efficace possible**. C'est ce genre d'avantage mental qui vous distinguera de la masse.

L'ancrage n'est pas seulement une technique pour penser plus vite ; c'est un outil pour maîtriser n'importe quelle situation. Lorsque vous apprenez à contrôler votre état d'esprit et à accéder facilement à vos ressources intérieures, quelle que soit l'ampleur ou la difficulté du défi, **vous êtes toujours prêt à y faire face avec clarté et rapidité**.

Maintenant que vous comprenez comment la PNL peut transformer la vitesse et la précision de votre pensée, vous vous préparez à entrer dans un tout nouveau niveau de performance mentale.

Gestion du temps mental : comment optimiser sa pensée pour réfléchir plus vite

L'un des plus grands défis auxquels les gens sont confrontés lorsqu'ils essaient de penser plus vite est le **manque de contrôle sur leur temps mental**. Il peut sembler étrange de considérer le temps comme une chose mentale, mais **votre perception du temps** est un facteur clé pour accélérer votre réflexion. De nombreux ouvrages sur la productivité mettent l'accent sur les techniques physiques de gestion du temps : comment répartir ses tâches, organiser son emploi du temps ou éliminer les distractions. Mais ce qui fait vraiment la différence pour la rapidité de votre réflexion, c'est la **façon dont vous gérez le temps dans votre esprit**.

L'erreur la plus fréquente des autres approches est qu'elles ne s'attaquent qu'à la surface du problème. Elles vous apprennent à faire plus de choses en moins de temps, mais cela ne signifie pas que vous pensez mieux. **La gestion du temps mental** vous permet d'exploiter plus efficacement les capacités de votre cerveau, ce qui permet à votre esprit de fonctionner à une vitesse maximale sans effort apparent.

Pour améliorer la gestion mentale du temps, la PNL propose des techniques qui **entraînent l'esprit** à traiter les informations de manière plus rapide et plus organisée. Cela ne signifie pas que vous vous précipiterez ou que vous vous forcerez à penser à toute vitesse, mais que vous apprendrez à **entrer dans un état d'esprit dans lequel le temps semble se dilater**, vous donnant plus de clarté et d'agilité mentale. Ce qui semblait auparavant impossible à résoudre en quelques minutes deviendra soudain beaucoup plus facile.

> *"La lenteur est due à un manque de clarté mentale, pas à un manque de temps". - Dr.*

Comment créer des routines mentales pour automatiser la pensée agile

La clé pour aiguiser votre pensée en un temps record n'est pas de faire plus d'efforts, mais d'**automatiser certains processus mentaux**. C'est là que la PNL a un avantage sur les autres méthodologies. Au lieu de vous apprendre simplement à accélérer vos pensées, elle vous montre comment créer des **routines mentales automatiques** qui accélèrent votre prise de décision et le traitement de l'information.

Imaginez un instant qu'à chaque fois que vous êtes confronté à une décision importante, votre esprit dispose déjà d'une **structure prédéterminée** pour analyser les options, identifier les risques et sélectionner la meilleure alternative. **C'est possible** avec la PNL. En développant des schémas mentaux cohérents, vous pouvez éliminer les frictions qui accompagnent normalement la prise de décision, libérant ainsi de l'espace mental pour penser plus vite et plus clairement.

La technique de **modélisation mentale que** vous apprendrez dans ce chapitre vous permettra d'observer et de reproduire les schémas de pensée des personnes qui traitent l'information de manière naturellement rapide et efficace. Au lieu de réinventer la roue, vous apprendrez à **modéliser la pensée agile** de ceux qui ont déjà maîtrisé cette compétence. Il ne s'agit pas d'une simple théorie : il s'agit d'une application pratique qui transformera votre façon de prendre des décisions, de résoudre des problèmes et de générer des idées.

"Ce qui n'est pas automatisé dans l'esprit, stagne dans l'effort conscient". - Napoleon Hill

Surmonter les erreurs courantes qui ralentissent la rapidité de la pensée

De nombreuses personnes qui tentent d'améliorer leur rapidité mentale tombent dans un certain nombre d'**erreurs courantes** qui, au lieu d'accélérer leur réflexion, la ralentissent. L'une des erreurs les plus courantes est l'**accumulation d'informations**. Dans un monde saturé de données, il est facile de penser que plus on en sait, plus on réfléchit vite. Mais en réalité, **trop d'informations peuvent vous paralyser**, surtout si vous ne savez pas comment les filtrer efficacement.

Une autre erreur consiste à essayer de penser rapidement à tous les domaines de votre vie sans établir de priorités. Tous les problèmes n'exigent pas une réponse immédiate. Il est essentiel d'apprendre à identifier les **moments où vous avez besoin d'agilité mentale** et ceux où vous pouvez prendre votre temps. La PNL vous aidera à développer cette compétence, en vous apprenant à n'utiliser la rapidité mentale que lorsque vous en avez vraiment besoin, afin de ne pas gaspiller votre énergie mentale dans des situations qui ne l'exigent pas.

La troisième **idée fausse** la plus répandue est **que la rapidité mentale est innée**, que l'on naît avec ou que l'on n'a pas. Cette croyance limite de nombreuses personnes en les empêchant d'entraîner leur esprit pour améliorer leur agilité. En réalité, la rapidité mentale peut être développée et affinée avec les bons outils, comme ceux que vous apprendrez dans ce livre.

> *"La surcharge d'informations est aussi inutile que le manque d'informations. Le filtrage est le véritable pouvoir". - Dr. Dominic*

La technique de l'effondrement des ancres pour une pensée claire sous pression

L'une des plus grandes forces de la PNL est sa capacité à vous aider à **penser clairement sous pression**. Nous avons tous été confrontés à des situations où, en raison du stress ou de l'urgence, notre esprit semble se bloquer ou ralentir, au moment même où nous avons le plus besoin d'être rapides et décisifs. C'est là que la technique de **l'effondrement de l'ancre** entre en jeu.

L'effondrement de l'ancrage est une technique avancée de la PNL qui vous permet de **combiner plusieurs états d'esprit positifs** pour éliminer les blocages mentaux associés au stress. Au lieu de laisser le stress contrôler votre pensée, vous apprendrez à neutraliser les émotions négatives et à vous ancrer dans un état de **clarté et de concentration** lorsque vous en avez le plus besoin.

Imaginez que vous vous trouviez dans une situation de forte pression, peut-être lors d'une réunion importante ou face à une décision critique dans votre vie personnelle. Grâce à l'effondrement de l'ancre, vous pouvez accéder aux ressources mentales et émotionnelles dont vous avez besoin pour agir rapidement et avec précision, sans être paralysé par le stress.

De l'action à la réflexion : comment concilier vitesse mentale et profondeur

Enfin, l'un des aspects rarement abordés dans les autres ouvrages sur l'agilité mentale est l'équilibre entre la **rapidité et la profondeur de** la pensée. Il est important d'être rapide, mais il est également crucial de s'assurer que la pensée rapide a de la **substance** et n'est pas superficielle.

De nombreuses approches vous apprennent à agir rapidement, mais le danger est de tomber dans le piège de la superficialité. La PNL, elle, vous aide à trouver l'équilibre parfait entre **la rapidité de vos réponses** et la **qualité de vos idées**. C'est ce qui vous distinguera vraiment des autres : vous serez non seulement rapide, mais aussi profond dans votre analyse et votre réflexion.

La technique que vous apprendrez ici vous permettra de **combiner action rapide et réflexion intelligente**. Grâce à un processus appelé **"entrelacement mental"**, vous pourrez entraîner votre esprit à passer rapidement d'un niveau de réflexion à un autre. Cela vous permettra non seulement de prendre des décisions rapides, mais aussi de vous assurer que ces décisions sont bien informées et efficaces.

> *"La pensée superficielle peut être rapide, mais la pensée profonde est ce qui dure. - Carl Jung*

C'est cet équilibre entre rapidité et profondeur qui vous permettra de vous démarquer. Vous ne serez pas seulement perçu comme quelqu'un qui pense vite, mais comme quelqu'un qui pense **mieux** que les autres. Avec la PNL, vous entraînerez votre esprit à fonctionner à ces deux niveaux de manière harmonieuse et efficace, en veillant à ce que chaque décision et chaque idée que vous générez soit à la fois rapide et brillante.

Avec tout ce que vous avez appris jusqu'à présent, vous êtes sur le point d'atteindre un niveau d'agilité mentale que peu de gens atteignent. Mais n'oubliez pas qu'il ne s'agit pas seulement d'être rapide, mais aussi d'être précis, clair et, surtout, **intelligent** dans chacune de vos pensées.

Entraîner son cerveau à la pensée agile : dépasser les blocages mentaux

L'une des raisons les plus courantes pour lesquelles les gens ont du mal à penser rapidement et efficacement est qu'ils **sous-estiment le nombre de blocages mentaux** qu'ils portent en eux. Ces blocages ne sont pas nécessairement évidents ; il peut s'agir de croyances limitantes profondément ancrées, de peurs de l'échec ou simplement de l'accumulation de pensées inefficaces que vous n'avez pas appris à filtrer.

La plupart des livres sur la productivité mentale vous enseignent comment "faire plus en moins de temps", mais ils ne s'attaquent pas à la racine du problème : **les blocages subconscients qui ralentissent votre esprit.** C'est comme si vous essayiez de conduire une voiture avec le frein à main serré ; peu importe à quel point vous accélérez, il y aura toujours quelque chose qui vous retiendra. **La PNL** offre des outils puissants pour identifier et **démanteler** ces blocages mentaux, ce qui vous permet de libérer tout votre potentiel pour une pensée agile.

La première étape pour lever ces blocages est de reconnaître qu'**il ne s'agit pas de travailler plus dur**, mais de travailler plus intelligemment. Votre cerveau a d'immenses capacités, mais beaucoup d'entre nous limitent son efficacité en l'encombrant de croyances et de schémas mentaux qui ne nous servent pas. La peur de l'erreur, le besoin de perfection ou même la croyance que nous ne sommes pas assez rapides ou intelligents sont des obstacles qui freinent vos performances mentales.

> *"Le plus grand obstacle à notre esprit n'est pas l'échec, mais la peur d'essayer. - Sigmund Freud*

Reprogrammer son esprit pour l'agilité : la technique de désensibilisation

La technique de **désensibilisation de** la PNL est un outil essentiel qui vous aidera à surmonter les peurs et les blocages mentaux qui ralentissent votre vitesse de réflexion. La plupart du temps, le problème n'est pas que vous n'arrivez pas à penser vite, mais que vous êtes **désensibilisé au stress ou à la pression**, ce qui vous empêche d'agir efficacement. La désensibilisation vous aide à conditionner votre esprit pour qu'au lieu de se bloquer sous la pression, il agisse calmement et clairement.

La désensibilisation consiste à exposer votre esprit, de manière progressive et contrôlée, à des situations qui vous causeraient normalement du stress ou de l'incertitude. Par exemple, si vous avez tendance à vous figer lorsque vous devez prendre des décisions rapides, la PNL vous apprendra à recréer ces situations dans un environnement sûr jusqu'à ce que votre esprit commence à **réagir automatiquement** avec rapidité et confiance.

"Le succès n'est pas l'absence de peur, mais la capacité d'agir en dépit de la peur. - Nelson Mandela

L'intérêt de cette technique n'est pas seulement qu'elle vous permet de surmonter vos blocages, mais aussi qu'elle vous apprend à **être proactif sous pression**, ce que de nombreuses personnes ne parviennent jamais à maîtriser. Au lieu de laisser la pression prendre le dessus, vous apprendrez à **contrôler votre état émotionnel** et mental, ce qui vous permettra de conserver une agilité mentale maximale lorsque vous en aurez le plus besoin.

Le pouvoir de la métacognition : penser à la pensée

L'un des secrets les moins explorés dans la plupart des livres sur l'agilité mentale est le concept de **métacognition**, c'est-à-dire la capacité de **penser à la façon dont on pense.** La métacognition est fondamentale pour améliorer votre rapidité mentale car elle vous permet d'observer et d'ajuster vos schémas de pensée en temps réel.

De nombreux auteurs vous proposent des techniques pour être plus productif, **mais ils ne vous apprennent pas à réfléchir** au processus de pensée que vous utilisez. Sans cette réflexion, vous risquez de répéter les mêmes erreurs ou d'utiliser des schémas mentaux qui ne vous conviennent pas. Avec la métacognition, vous apprenez **à ajuster**

consciemment votre processus mental, en l'optimisant pour chaque situation.

Par exemple, si vous remarquez que votre esprit ralentit lorsque vous êtes confronté à une tâche nouvelle ou difficile, la métacognition vous permet d'**ajuster** ce schéma, en transformant l'anxiété en curiosité ou en concentration. Ce type de flexibilité mentale est essentiel pour conserver son agilité dans n'importe quelle situation, qu'il s'agisse d'une conversation difficile, d'une négociation ou de la résolution d'un problème complexe.

> *"L'esprit qui est conscient de lui-même est un esprit qui a le pouvoir de se transformer". - Carl Jung*

La technique de recadrage temporel : accélérer la perception du temps

Une autre ressource clé que la PNL met à votre disposition pour affiner votre pensée en un temps record est la technique du **recadrage temporel**. Normalement, nous percevons le temps de manière linéaire, ce qui peut donner l'impression que les tâches complexes ou les problèmes auxquels nous sommes confrontés sont insurmontables, car nous pensons que le temps dont nous disposons pour les résoudre est limité. Cependant, la PNL nous enseigne que **la perception du temps est flexible** et que vous pouvez apprendre à l'ajuster pour maximiser votre agilité mentale.

Le recadrage temporel vous permet d'"**élargir le temps mental**" afin de traiter les informations plus rapidement sans vous sentir pressé. Lorsque vous appliquez cette technique, votre esprit entre dans un état de haute performance où, même si le temps s'écoule à son rythme normal, **vous avez l'impression d'avoir plus d'espace pour penser et agir**. C'est comme si le temps ralentissait, ce qui vous permet de prendre des décisions claires et précises, même dans des situations de forte pression.

> *"La perception du temps est une construction mentale, pas une réalité physique. - Stephen Hawking*

Apprendre à contrôler votre perception du temps vous permettra non seulement de penser plus vite, mais aussi d'éviter l'anxiété qui accompagne souvent les situations où nous pensons "ne pas avoir assez de temps". Grâce au recadrage du temps, vous pouvez entraîner votre esprit à **entrer dans un état de fluidité** où votre rapidité et votre clarté mentales s'alignent parfaitement.

Libérer l'espace mental : éliminer le superflu pour mieux penser

Enfin, l'un des problèmes d'agilité mentale les plus courants est la tendance à **surcharger le cerveau d'informations inutiles.** Dans un monde où nous recevons constamment des stimuli, des notifications et des données de toutes sortes, il est facile pour notre esprit d'**être saturé** et de ralentir. C'est un problème que de nombreux ouvrages sur la vivacité d'esprit ignorent ; ils vous apprennent à traiter davantage d'informations, mais pas à **filtrer** ce dont vous avez réellement besoin.

Une pensée agile réussie ne consiste pas à gérer plus d'informations, mais à apprendre à **éliminer ce qui n'est pas pertinent**. C'est là que la PNL excelle à nouveau, car elle vous fournit des techniques pour **libérer de l'espace mental** en filtrant ce qui n'est pas nécessaire et en vous concentrant uniquement sur ce qui est essentiel. Lorsque vous apprenez à faire cela, votre esprit devient incroyablement rapide, non pas parce qu'il traite plus d'informations, mais parce qu'il les traite **mieux**.

En apprenant à éliminer le bruit mental, vous obtiendrez un niveau de clarté qui vous permettra d'**accélérer** efficacement votre réflexion. Au lieu de disperser votre énergie mentale dans de multiples directions, vous concentrerez toute votre puissance cérébrale sur les domaines qui comptent vraiment, ce qui augmentera de façon exponentielle votre vitesse et votre précision mentales.

Avec cette compréhension, vous êtes maintenant prêt à débloquer une capacité mentale qui va au-delà de ce que vous pensiez possible. En appliquant ces principes de la PNL, vous réaliserez que la rapidité mentale n'est pas seulement une compétence que l'on peut développer, mais un **système que vous pouvez constamment optimiser** pour donner le meilleur de vous-même dans n'importe quelle situation.

Chapitre 4 : Résoudre des problèmes complexes à l'aide de la PNL

La résolution de problèmes complexes est une compétence qui distingue les personnes qui réussissent de celles qui stagnent. Cependant, **la** plupart des gens ne réalisent pas que la **véritable clé de la résolution de problèmes** n'est pas l'accumulation d'informations ou d'expériences, mais la **façon dont nous structurons notre pensée**. La programmation neurolinguistique (PNL) offre une approche innovante qui va au-delà des méthodes traditionnelles, vous permettant de relever tout défi de manière stratégique et efficace, quelle que soit sa complexité apparente.

Le problème commun auquel de nombreuses personnes sont confrontées lorsqu'elles tentent de résoudre des problèmes complexes est qu'**elles se perdent dans les détails**. Face à une situation difficile, l'esprit a tendance à vagabonder, à se focaliser sur des aspects non pertinents qui ne font qu'ajouter à la confusion. D'autres ouvrages proposent des mesures pratiques pour faire face aux problèmes, mais vous apprennent rarement **à organiser votre esprit de** manière à ce que vous puissiez avoir une vue d'ensemble sans vous perdre dans les détails.

Ce chapitre vous guidera à travers les techniques de la PNL spécialement conçues pour **débloquer de nouvelles façons de penser**, en éliminant les schémas de pensée limitatifs et en apportant de la clarté mentale. Vous apprendrez à simplifier ce qui est complexe, à voir au-delà des apparences et à reconnecter votre esprit pour que les problèmes deviennent des opportunités.

Rompre le cycle de la pensée répétitive

Face à un problème complexe, il est fréquent de s'enfermer dans **un cycle de pensées répétitives**, où l'on revient sans cesse aux mêmes solutions sans parvenir à une conclusion satisfaisante. C'est l'un des principaux obstacles à la résolution de problèmes, et c'est précisément là que la PNL a un impact transformateur.

La PNL vous apprend à **briser ce cycle** en utilisant des techniques telles que le **recadrage**, qui vous permet d'envisager un problème sous un angle totalement nouveau. Si vous vous sentez bloqué, il y a de fortes chances que vous envisagiez le problème à partir d'un état d'esprit limité. Le recadrage vous permet de changer cet état d'esprit et d'ouvrir la porte à de nouvelles perspectives qui semblaient impossibles à atteindre auparavant.

> *"Les problèmes complexes ont rarement des solutions complexes, ce qui change, c'est la façon dont nous les abordons." - Richard Bandler*

Avec cette technique, vous apprendrez que **le changement de perspective** est souvent plus puissant que la quantité d'informations que vous possédez. Vous verrez comment une légère modification de la façon dont vous percevez un problème peut complètement transformer la façon dont vous le résolvez.

Le processus de modélisation mentale : apprendre des meilleurs

La **modélisation mentale** est un autre grand secret de la PNL que peu de gens connaissent. Cette technique vous permet d'observer comment les personnes les plus efficaces abordent la résolution de problèmes et de reproduire leurs schémas de pensée. Il ne s'agit pas seulement de copier ce qu'**elles** font, mais d'**intérioriser leur façon de penser**, de prendre leurs meilleures stratégies et de les adapter à votre propre style.

Le problème auquel beaucoup sont confrontés est qu'ils essaient d'appliquer des solutions génériques à leurs problèmes, sans se rendre compte que le véritable pouvoir réside dans la **manière dont la pensée qui sous-tend ces solutions est structurée**. Grâce à la modélisation mentale, vous apprendrez à identifier les schémas de pensée efficaces et à les intégrer dans votre propre résolution de problèmes.

> *"Le succès laisse des indices. Observez ceux qui résolvent des problèmes complexes avec facilité et vous découvrirez le chemin de la maîtrise." - Tony Robbins*

Cette approche vous permettra non seulement de résoudre les problèmes plus rapidement, mais aussi de le faire de manière plus créative et plus efficace. Vous apprendrez à penser comme les grands résolveurs de problèmes du monde, en utilisant les mêmes stratégies mentales qu'eux, mais en **les adaptant à votre propre contexte et à vos propres défis**.

Technique du découpage : simplifier le complexe

L'un des principes les plus puissants de la PNL pour résoudre des problèmes complexes est la technique du **découpage**. Cette méthode consiste à **diviser un problème important en parties plus faciles à gérer**, ce qui vous permet de l'aborder de manière systématique et d'éviter l'effondrement mental qui accompagne souvent les défis les plus difficiles.

L'erreur que commettent de nombreuses personnes lorsqu'elles tentent de résoudre des problèmes compliqués est d'essayer de s'y attaquer en une seule fois, ce qui est source de confusion et de stress. Avec le découpage, vous apprenez à diviser le problème en **éléments plus petits et plus faciles à gérer**, de manière à pouvoir travailler sur chaque partie de manière indépendante, sans perdre de vue l'ensemble.

> *"Lorsque tout semble trop grand pour être géré, il faut le diviser en petits morceaux. Le chemin vers la clarté se fait toujours par parties." - George A. Miller*

En appliquant cette technique, vous verrez que des problèmes qui semblaient auparavant impossibles à résoudre deviennent beaucoup plus clairs et plus accessibles. Cette approche vous permet non seulement de mieux maîtriser le problème, mais aussi de **rester calme et concentré**, deux éléments essentiels à la réussite de la résolution de problèmes.

Comment gérer ses émotions lors de la résolution de problèmes ?

La **gestion des émotions** est un aspect souvent négligé de la résolution de problèmes complexes. Lorsque vous êtes confronté à un défi difficile, il est facile pour des émotions telles que la frustration, la peur ou l'anxiété d'obscurcir votre capacité à penser clairement. Les livres traditionnels abordent rarement cette question, vous laissant à la merci de vos émotions dans les moments les plus critiques.

La PNL propose des techniques efficaces pour **gérer et transformer vos émotions** lors de la résolution de problèmes. L'un de ces outils est l'**ancrage émotionnel**, qui vous permet d'associer des états émotionnels positifs à des stimuli spécifiques. Vous pouvez ainsi accéder à des états de calme, de confiance et de clarté lorsque vous en avez le plus besoin, plutôt que de succomber à l'anxiété ou à la pression.

"L'intelligence émotionnelle est la clé de la résolution des problèmes complexes. Sans elle, ce sont les problèmes qui vous contrôlent, et non l'inverse." - Daniel Goleman

Grâce à l'ancrage émotionnel, vous apprendrez à **garder le** contrôle de votre état mental et émotionnel, ce qui vous permettra d'aborder les problèmes les plus difficiles avec un esprit clair et concentré. Cette maîtrise de vos émotions vous aidera non seulement à mieux penser, mais aussi à **prendre des décisions plus intelligentes et plus stratégiques**, sans panique ni indécision.

Le pouvoir de l'état de flux dans la résolution de problèmes

Enfin, l'un des secrets les mieux gardés pour résoudre des problèmes complexes est de **se mettre dans un état de fluidité**. L'état de fluidité est un état d'esprit dans lequel vous êtes complètement immergé dans une activité, où le temps semble disparaître et où votre esprit fonctionne au maximum de son potentiel.

La PNL vous apprend à **induire cet état de flux** à volonté, ce qui vous permet d'accéder à un niveau de concentration et de performance mentale qu'il est presque impossible d'atteindre autrement. Lorsque vous entrez dans un état de flux, votre capacité à résoudre les problèmes est multipliée, car votre esprit est complètement libéré des distractions et fonctionne à son maximum.

"L'état de fluidité est l'endroit où la magie opère. C'est là que les problèmes les plus complexes

Vous apprendrez à **créer les conditions nécessaires** pour que votre esprit soit régulièrement en état de fluidité, ce qui vous permettra de vous attaquer aux problèmes les plus complexes avec une clarté mentale et une rapidité qui surprendront même les autres. Le flow n'est pas seulement un état souhaitable, c'est **un outil stratégique** pour la résolution de problèmes de haut niveau.

Grâce à ces techniques de PNL, vous serez non seulement mieux équipé pour résoudre des problèmes complexes, mais vous le ferez également avec une confiance et une clarté mentale qui vous placeront au-dessus de la moyenne.

L'art du recadrage : transformer les problèmes en opportunités

L'un des aspects les plus puissants de la PNL est sa capacité à changer la façon dont nous percevons les problèmes, ce qui est rarement bien expliqué dans les autres livres. De nombreux ouvrages sur la résolution de problèmes ont tendance à se concentrer sur des méthodes rigides, des formules qui promettent des résultats mais n'offrent aucune **flexibilité mentale**. En revanche, la PNL vous invite à voir les problèmes sous un angle complètement nouveau, en utilisant le **recadrage** comme un outil essentiel pour transformer les obstacles en opportunités.

Le recadrage est plus qu'une technique superficielle pour changer d'attitude. Il s'agit d'une stratégie profonde qui vous permet de **modifier la structure de votre réflexion sur une situation**, ce qui vous conduit souvent à des solutions que vous n'auriez jamais envisagées auparavant. Cette approche est particulièrement utile lorsque vous êtes confronté à des problèmes complexes, car le recadrage vous apprend à changer le contexte dans lequel vous envisagez le problème.

Imaginez, par exemple, que vous soyez confronté à un problème qui vous semble insurmontable, un obstacle qui a bloqué tous vos progrès. L'approche traditionnelle vous inciterait à continuer à chercher des solutions dans le même cadre. Mais la PNL vous invite à **recadrer la situation**, à vous demander si le problème est vraiment ce qu'il semble être ou s'il y a une autre façon de le voir qui vous permet de l'aborder sous un angle plus créatif.

> *"Le succès ne dépend pas des circonstances, mais de la façon dont nous interprétons ces circonstances. - Viktor Frankl*

C'est la différence essentielle qu'offre la PNL par rapport à d'autres méthodologies : au lieu de chercher la "bonne" solution, elle vous encourage à **créer une nouvelle réalité** dans laquelle le problème n'est plus un obstacle. Cette approche change radicalement la façon dont vous percevez toute situation, vous permettant de relever les défis avec plus de fluidité et de flexibilité.

Éliminer la polarisation de la pensée : trouver des solutions dans la nuance

L'un des grands défauts de la plupart des ouvrages consacrés à la résolution de problèmes est qu'ils ont tendance à tomber dans la **pensée binaire**, c'est-à-dire dans des solutions qui ne prennent en compte que les extrêmes : bon ou mauvais, succès ou échec, noir ou blanc. Cette façon de penser n'est pas seulement limitative, elle **réduit** également **votre capacité à trouver des solutions créatives**. Lorsque vous opérez à partir d'un mode de pensée polarisé, vous limitez votre capacité à voir les options intermédiaires, ces nuances qui contiennent souvent les réponses les plus efficaces.

La PNL vous apprend à **éviter de penser de manière absolue** et à accepter les nuances de chaque situation. En réalité, les problèmes complexes ont rarement une solution unique. Grâce à des techniques telles que le recadrage et la modélisation mentale, la PNL vous aide à entraîner votre esprit à explorer de multiples alternatives et à trouver des solutions à **travers tout le spectre des possibilités**.

> *"Le plus grand ennemi de la pensée créative est la croyance qu'il n'y a qu'une seule bonne réponse."*
> *- Edward de Bono*

Lorsque vous commencez à appliquer cette approche, vous vous rendez compte que les problèmes ne sont pas aussi fixes et définis qu'ils ne le paraissent à première vue. Les solutions commencent à émerger lorsque vous permettez à votre esprit de **se déplacer librement entre les gris**, plutôt que d'être piégé dans un récit qui ne prend en compte que les extrêmes.

Ancrer les solutions dans les ressources intérieures : le pouvoir de la conscience de soi

Une autre technique que les autres ouvrages sur la résolution de problèmes ont tendance à négliger est l'importance d'**ancrer vos solutions dans vos propres ressources internes**. La plupart des approches vous encouragent à rechercher des solutions externes, à vous appuyer sur des données ou des méthodes extérieures. Mais la PNL vous rappelle que vous possédez déjà en vous les outils dont vous avez besoin pour résoudre les problèmes les plus difficiles, et que le véritable pouvoir réside dans la **manière dont vous accédez à ces ressources**.

L'ancrage PNL est une technique qui vous permet d'accéder à des états émotionnels et mentaux spécifiques lorsque vous en avez besoin. Cela signifie qu'au lieu de regarder constamment à l'extérieur de vous, vous pouvez **conditionner votre esprit** à activer vos meilleurs états de clarté, de concentration et de créativité lorsque vous êtes confronté à un défi complexe. Si vous avez déjà eu l'impression de prendre de meilleures décisions lorsque vous êtes calme, confiant ou motivé, l'ancrage vous permet de reproduire ces états à la demande.

"La connaissance de soi est le début de toute sagesse. - Aristote

En appliquant efficacement l'ancrage, vous réalisez que **votre capacité à résoudre les problèmes est profondément liée à votre connaissance de vous-même**. Vous n'avez pas besoin de compter sur des facteurs externes ; la clé est d'apprendre à **débloquer vos propres ressources** au bon moment. C'est cette concentration intérieure qui vous permettra de résoudre les problèmes les plus difficiles avec une confiance inébranlable.

L'illusion du contrôle : accepter l'incertitude pour trouver des solutions

L'une des choses qui frustrent le plus les gens lorsqu'ils tentent de résoudre des problèmes complexes est le **besoin de contrôle**. Nous voulons maîtriser toutes les variables, connaître tous les résultats possibles avant de prendre une décision. Cependant, la réalité est que de nombreux problèmes complexes **n'offrent jamais une certitude totale**. C'est là que la PNL vous aide à **accepter l'incertitude** comme faisant partie du processus de résolution des problèmes.

La PNL vous apprend à **vous sentir à l'aise dans l'inconfort**, à accepter que l'incertitude n'est pas une chose à éviter, mais une source de croissance et de créativité. En abandonnant le besoin de contrôler tous les aspects d'une situation, vous ouvrez la voie à l'émergence de solutions inattendues. Au lieu d'être obsédé par d'éventuels résultats négatifs, vous commencez à **explorer de nouvelles possibilités** sans les limites imposées par le besoin de contrôle.

> *"Le secret du changement est de concentrer toute son énergie non pas à combattre l'ancien, mais à construire le nouveau". - Socrate*

Accepter l'incertitude vous libère des schémas mentaux restrictifs et vous permet d'envisager les problèmes dans une perspective plus détendue et plus ouverte. **Lorsque vous cessez de craindre ce que vous ne pouvez pas contrôler,** vous trouvez de nouvelles façons de résoudre des problèmes qui vous semblaient auparavant irréalisables. La flexibilité mentale devient votre plus grand avantage concurrentiel.

Comment créer un système de dépannage personnalisé ?

Enfin, un aspect que la plupart des livres ont tendance à ignorer est la nécessité de **personnaliser votre approche de** la résolution de problèmes. Il n'existe pas de système universel qui fonctionne pour tout le monde, car chaque esprit et chaque situation sont différents. La PNL, en revanche, vous offre la possibilité de **créer votre propre système**, adapté à votre style de pensée et aux défis spécifiques auxquels vous êtes confronté.

Tout au long de ce chapitre, vous avez appris de nombreuses techniques, du recadrage à l'ancrage en passant par la gestion de l'incertitude. La véritable maîtrise consiste à savoir comment **intégrer ces principes** dans votre vie quotidienne, en créant un système personnel que vous pouvez appliquer dans n'importe quelle situation.

Lorsque vous personnalisez votre approche, non seulement vous résolvez les problèmes plus efficacement, mais vous le faites d'une manière **qui correspond à vos forces individuelles**. Il s'agit là d'un point crucial que les autres ouvrages n'abordent pas avec toute la profondeur nécessaire. La PNL vous donne les outils, mais c'est à vous de les combiner d'une manière qui vous permette de fonctionner au plus haut niveau.

> *"Le système le plus efficace est celui que vous concevez pour vous-même, sur la base de ce que vous savez être efficace pour vous. - Stephen Covey*

En construisant un système personnalisé, vous créez une boucle de rétroaction constante, en ajustant et en améliorant votre approche au fur et à mesure que vous êtes confronté à de nouveaux problèmes. Cela vous permet d'**évoluer en permanence** et de vous adapter aux défis qui vous attendent, avec une confiance et une agilité mentale inégalées.

Ce chapitre a été un voyage dans les profondeurs de la résolution de problèmes complexes, offrant plus que de simples techniques. Ce que vous avez appris ici va bien au-delà de ce que vous pourriez attendre d'une approche conventionnelle. Vous avez reçu des outils qui transformeront non seulement votre façon de résoudre les problèmes, mais aussi votre façon de percevoir tous les défis de votre vie.

Intégrer des perspectives multiples : la clé pour résoudre les problèmes sous tous les angles

L'un des défauts les plus courants des approches traditionnelles de la résolution de problèmes complexes est qu'elles ont tendance à se concentrer sur une seule perspective, ce qui limite les solutions possibles. Les auteurs et les systèmes conventionnels vous apprennent à suivre une série d'étapes fixes, mais vous offrent rarement la possibilité d'**intégrer de multiples perspectives** dans votre processus de réflexion. Cette rigidité vous empêche non seulement de trouver des solutions innovantes, mais vous enferme également dans un cycle de pensée limité.

La programmation neurolinguistique (PNL) aborde ce défi sous un angle totalement différent. Au lieu de proposer une seule voie, la PNL vous apprend à **considérer simultanément plusieurs perspectives**, ce qui élargit votre champ de vision et vous permet de générer des idées et des solutions que vous n'auriez peut-être pas envisagées autrement. C'est l'une des raisons pour lesquelles la PNL est si efficace : elle **libère votre capacité à voir au-delà du problème immédiat**.

Imaginez que vous regardez un problème d'un seul point de vue, comme si vous regardiez une œuvre d'art d'une seule position. Vous êtes limité à ce que vous pouvez voir de ce point de vue. Mais que se passe-t-il si vous changez de position et regardez l'œuvre sous un autre angle ? Soudain, des détails qui passaient inaperçus deviennent clairs et de nouvelles possibilités apparaissent. **C'est ce que la PNL vous offre :** un ensemble d'outils qui vous permettent de changer votre approche, de voir le problème sous différentes perspectives et de découvrir des solutions cachées.

> *"Le véritable voyage de découverte ne consiste pas à chercher de nouveaux paysages, mais à regarder avec de nouveaux yeux." - Marcel Proust*

Lorsque vous apprenez à intégrer diverses perspectives dans votre processus de résolution de problèmes, vous vous rendez compte qu'il n'y a pas **qu'une seule bonne solution**, mais plusieurs. Chaque perspective ouvre la porte à de nouvelles idées, à de nouvelles façons de comprendre le problème et, en fin de compte, à de nouvelles façons de le résoudre. Cette approche dynamique améliore non seulement votre agilité mentale, mais fait également de vous une personne plus créative et plus résiliente.

La technique du méta-modèle : remettre en question et briser les croyances limitatives

Les problèmes complexes sont souvent alimentés par un ensemble de **croyances limitatives** qui conditionnent notre façon de penser et d'agir. Souvent, ce n'est pas le problème lui-même qui est si difficile, mais les hypothèses et les croyances que nous avons sur ce problème. C'est là que **le méta-modèle de la PNL** joue un rôle crucial.

La méta-modélisation est un outil puissant qui vous permet de **remettre en question vos propres croyances limitatives** et celles des autres. Elle repose sur la remise en question des hypothèses que nous tenons pour acquises, en brisant les schémas de pensée qui nous maintiennent bloqués. Souvent, face à des problèmes complexes, nous nous disons des choses comme "c'est impossible" ou "il n'y a pas de bonne solution". Ces affirmations ne sont rien d'autre que des croyances limitatives qui peuvent être remises en question et transformées.

> *"La limite de nos croyances est la limite de nos solutions. - Richard Bandler*

Le méta-modèle vous apprend à **briser ces croyances** et à poser des questions qui permettent d'approfondir la véritable nature du problème. Quelle partie de ce problème est réellement inamovible ? Quelles hypothèses suis-je en train de faire qui ne sont peut-être pas vraies ? Comment puis-je considérer cet obstacle d'un point de vue complètement différent ? En appliquant cette technique, vous vous rendez compte que **de nombreux problèmes ne sont pas aussi complexes qu'ils le paraissaient**, et des solutions commencent à apparaître lorsque vous supprimez les croyances qui vous limitaient.

Rompre avec les solutions prévisibles : encourager la pensée divergente

Une autre erreur fréquente dans la résolution de problèmes est la tendance à s'appuyer sur des **solutions prévisibles**. Nous nous tournons vers ce qui nous est familier, ce que nous avons essayé et testé dans le passé, sans nous rendre compte que cette familiarité peut être notre plus grand obstacle. La PNL nous apprend à briser ce cycle et à **encourager la pensée divergente**, c'est-à-dire la capacité à générer des solutions qui s'écartent de la voie conventionnelle.

La pensée divergente est fondamentale pour résoudre des problèmes complexes, car elle vous permet d'**explorer des alternatives** que d'autres négligeraient. Alors que les méthodes traditionnelles vous guident vers des réponses linéaires et prévisibles, la PNL vous entraîne à penser latéralement, en reliant les idées et les concepts de manière inattendue.

Face à un problème complexe, la pensée divergente vous amène à vous poser des questions telles que : **quelles solutions seraient considérées comme "folles" ou "impossibles" ?** Souvent, les idées les plus créatives et les plus efficaces proviennent de la remise en question des conventions et de la réflexion en dehors des limites que la plupart des gens s'imposent. Ce qui est fascinant, c'est que lorsque vous commencez à vous autoriser ce type de réflexion, vous vous rendez compte que "impossible" n'est qu'une étiquette que nous avons appris à accepter.

> *"La créativité est la capacité de voir ce que les autres ne voient pas et de relier ce que les autres ne relient pas. - Steve Jobs*

Cette approche élargit non seulement votre répertoire de solutions, mais vous rend beaucoup plus adaptable et efficace pour relever des défis complexes. Alors que d'autres s'enferment dans une pensée conventionnelle, vous aurez développé un état d'esprit ouvert et flexible, prêt à découvrir des solutions qui semblaient inimaginables auparavant.

Comment créer un espace mental optimal pour la résolution de problèmes ?

L'un des plus grands défis à relever lorsque l'on est confronté à des problèmes complexes est l'**environnement mental** dans lequel on opère. Souvent, la difficulté à résoudre un problème ne réside pas dans le problème lui-même, mais dans le **chaos mental** qui l'entoure. C'est là que la PNL vous offre un avantage unique : la capacité de créer un **espace mental optimal** dans lequel vous pouvez penser clairement et efficacement.

Pour résoudre des problèmes à un niveau élevé, vous devez entraîner votre esprit à entrer dans un état de calme, de concentration et de créativité. La PNL vous apprend à **éliminer le bruit mental** et à concentrer votre énergie sur ce qui compte vraiment. L'une des techniques les plus puissantes pour y parvenir est la **visualisation guidée**, qui vous permet de créer un espace mental dans lequel vous vous sentez complètement libéré des distractions et des soucis extérieurs.

Lorsque vous êtes dans cet état d'esprit, vos idées commencent à circuler facilement et les problèmes qui vous semblaient insurmontables deviennent gérables. La différence entre un esprit surchargé et un esprit concentré est spectaculaire. Lorsque vous apprenez à faire le vide, votre capacité à **trouver des solutions créatives et efficaces** est considérablement amplifiée.

Le lien entre la créativité et la résolution de problèmes complexes

Enfin, il est essentiel de reconnaître le **lien profond qui existe entre la créativité et la résolution de problèmes complexes**. Nous pensons souvent que la créativité est distincte de la logique et de la résolution de problèmes, mais il s'agit en fait des deux faces d'une même pièce. La PNL reconnaît ce lien et vous apprend à exploiter votre **créativité intérieure** pour aborder les problèmes de manière unique.

La plupart des livres et des méthodes traditionnels tentent de séparer la créativité de la logique, alors qu'en réalité, les problèmes les plus difficiles requièrent une **fusion de ces deux compétences**. La PNL vous montre comment **activer votre créativité** dans les moments les plus critiques, non seulement pour générer des idées innovantes, mais aussi pour les appliquer de manière logique et pratique.

En apprenant à équilibrer votre côté créatif et votre capacité à résoudre les problèmes de manière logique, vous vous rendez compte qu'il n'y a pas de limites à ce que vous pouvez accomplir. C'est là toute la puissance de la PNL : elle **vous transforme en un esprit à la** fois **créatif et stratégique**, ce qui vous donne l'agilité mentale nécessaire pour relever tous les défis avec confiance.

Avec tous ces outils et techniques de la PNL à votre disposition, vous ne serez plus confronté à des problèmes complexes comme à une barrière insurmontable. **Vous aurez les clés pour débloquer des solutions innovantes**, quelle que soit la complexité de l'obstacle initial.

Chapitre 5 : Techniques pour débloquer de nouvelles idées et perspectives

Le blocage créatif est l'un des défis les plus frustrants que l'on puisse rencontrer, en particulier lorsque l'on essaie de faire passer ses idées au niveau supérieur. Et si je vous disais qu'il **n'existe pas de blocage créatif**, mais seulement un manque d'accès aux bonnes perspectives ? La programmation neurolinguistique (PNL) offre des techniques puissantes et simples qui non seulement débloquent de nouvelles idées, mais vous permettent également de **voir le monde d'une manière totalement nouvelle**, transformant ainsi votre capacité à penser et à créer.

La plupart des livres sur la créativité se concentrent sur des méthodes qui vous amènent à explorer vos idées actuelles, mais ce dont vous avez réellement besoin, c'est d'**une intervention plus profonde dans votre processus mental**. Lorsque vous êtes bloqué, ce n'est pas parce que vous n'avez pas d'idées, mais parce que votre esprit est coincé dans un **schéma rigide**. Ce que vous apprendrez dans ce chapitre, c'est comment briser ces schémas limitatifs, afin que les idées non seulement circulent, mais qu'elles circulent naturellement et continuellement.

La technique du recadrage créatif

La **technique de recadrage créatif** est l'un des outils les plus précieux de la PNL pour débloquer des idées. Souvent, le problème n'est pas un manque d'idées, mais la **façon dont vous envisagez la situation** dans votre esprit. Le recadrage vous permet de changer le contexte dans lequel vous envisagez un problème ou une situation, ce qui ouvre instantanément de nouvelles possibilités.

Pensez à la façon dont, lorsque vous changez votre façon de voir les choses, des solutions qui semblaient auparavant inaccessibles deviennent soudainement claires. Si vous vous sentez bloqué, c'est probablement que vous envisagez le problème d'un point de vue limité. Le recadrage vous offre un nouvel angle de vue, ce qui permet aux idées nouvelles d'émerger sans effort.

> *"Le changement ne consiste pas seulement à déplacer des pièces, mais à voir les choses sous un angle que l'on n'avait jamais envisagé auparavant.*
> *- Richard Bandler*

Grâce à cette technique, vous pouvez **transformer n'importe quel blocage créatif** en une opportunité de générer de nouvelles idées. Vous ne serez plus prisonnier d'une approche unique, mais vous aurez la flexibilité mentale nécessaire pour aborder les défis dans toutes les directions, ce qui libérera inévitablement un flot de créativité.

Comment la flexibilité mentale favorise la créativité

La **flexibilité mentale est** un autre concept clé de la PNL, et c'est l'un des aspects les plus souvent négligés dans les autres approches du développement créatif. La plupart des gens se sentent créatifs lorsque les conditions sont parfaites, mais **la véritable créativité** est libérée lorsque vous pouvez générer de nouvelles idées **quelles que soient les circonstances**. C'est la différence entre un esprit rigide et un esprit flexible.

La flexibilité mentale est la capacité à **s'adapter rapidement à n'importe quelle situation** et à voir des opportunités là où d'autres ne voient que des limites. Avec la PNL, vous entraînez votre esprit à être dans un état constant d'ouverture, ce qui signifie que, quels que soient les obstacles, vous pouvez trouver une solution ou une nouvelle idée.

> *"Un esprit qui s'élargit avec une nouvelle idée ne revient jamais à sa taille initiale. - Oliver Wendell Holmes*

En développant cette compétence, vous découvrirez que la créativité n'est plus quelque chose que vous devez "attendre" ou "forcer". Au contraire, c'est une ressource que vous pouvez activer à volonté, car votre esprit sera suffisamment souple pour s'adapter à n'importe quel défi et **le transformer en opportunité créative**.

Briser les schémas répétitifs : La technique de l'ancrage créatif

Vous est-il déjà arrivé de revenir sans cesse sur les mêmes idées, sans pouvoir aller de l'avant ? Ce phénomène est fréquent lorsque notre esprit est bloqué dans des **schémas répétitifs**. La PNL offre une solution puissante à ce problème grâce à l'**ancrage créatif**.

L'ancrage est une technique qui consiste à associer un état émotionnel ou mental positif à un stimulus spécifique. Lorsqu'il s'agit de débloquer des idées, vous pouvez apprendre à **vous ancrer dans un état de créativité maximale,** ce qui vous permettra de sortir de ces schémas répétitifs et d'accéder à de nouvelles façons de penser.

Par exemple, si dans le passé vous avez été particulièrement créatif dans un environnement spécifique ou après une activité particulière, vous pouvez utiliser la technique de l'ancrage pour recréer cet état créatif **à tout moment**. Cela vous permet de contrôler quand et comment vous accédez à votre état le plus productif et le plus créatif, vous libérant ainsi de blocages qui semblaient auparavant insurmontables.

"La créativité ne consiste pas à trouver des idées, mais à y accéder au bon moment. - Salvador Dalí

Ce contrôle sur votre état créatif est une chose que l'on trouve rarement dans d'autres méthodes. Non seulement elle vous libère de la frustration du blocage, mais elle vous permet de **générer des idées de manière cohérente**, sans dépendre de facteurs externes.

Repousser les limites de votre créativité grâce à la pensée divergente

L'une des compétences les plus puissantes que vous pouvez développer grâce à la PNL est la **pensée divergente**. Alors que la pensée convergente cherche à trouver une solution correcte ou logique, la pensée divergente vous permet **d'explorer plusieurs possibilités en même temps**, ouvrant ainsi un éventail de nouvelles idées.

Beaucoup d'autres livres vous apprennent à vous concentrer sur la recherche de "la solution", mais ce qu'ils ne vous disent pas, c'est que **la solution la plus innovante n'est souvent pas la première qui se présente**. La pensée divergente vous aide à **repousser** les limites de ce que vous pensez être possible, en créant des liens entre des idées qui semblaient auparavant totalement déconnectées.

L'objectif n'est pas seulement de trouver une solution, mais **d'explorer autant de possibilités que nécessaire** jusqu'à ce que vous découvriez quelque chose qui révolutionne vraiment votre façon de penser. C'est l'un des domaines où la

PNL brille vraiment, car elle vous fournit des techniques pour entraîner votre esprit à voir des schémas et des connexions qui échappent à d'autres.

Ce type d'état d'esprit divergent est essentiel pour **créer des innovations** dans n'importe quel domaine. Vous ne serez plus limité par la pensée linéaire, mais vous passerez facilement d'une idée à l'autre, créant ainsi un réseau de possibilités qui élargira votre horizon créatif.

L'importance de l'environnement mental : comment créer l'espace nécessaire à la créativité

Le dernier aspect que les autres ouvrages sous-estiment souvent est l'**importance de l'environnement mental** pour la créativité. Vous ne pouvez pas vous attendre à ce que votre esprit génère de nouvelles idées s'il est **encombré de distractions** ou si vous travaillez dans un état d'esprit stressé. La PNL vous apprend à **créer un espace mental propre et clair** où les idées peuvent circuler librement.

Cet espace fait référence non seulement à l'environnement physique dans lequel vous vous trouvez, mais aussi à la **clarté mentale** que vous devez cultiver. La technique de la **visualisation guidée** est particulièrement utile à cet égard, car elle vous permet de créer un "espace mental créatif", un environnement dans votre esprit où vous pouvez vous détendre, vous concentrer et laisser les idées émerger sans effort.

Lorsque vous apprenez à créer cet espace mental, vous réalisez que les idées n'ont pas besoin d'être forcées, mais qu'elles ont simplement besoin d'**un environnement propice pour se développer**. Il en résulte un esprit calme, capable de générer des idées naturellement, sans la pression de la recherche de la perfection, ce qui libère votre véritable potentiel créatif.

Avec toutes ces techniques, vous aurez débloqué une capacité créative qui va bien au-delà de ce que vous pensiez possible. Non seulement vous générerez des idées, mais vous **élèverez votre esprit** à un niveau de créativité qui vous permettra de voir le monde d'une nouvelle perspective, pleine de possibilités infinies.

Briser la barrière de la pensée linéaire : comment accroître votre capacité à générer des idées

L'un des principaux obstacles auxquels se heurtent de nombreuses personnes lorsqu'elles tentent de trouver de nouvelles idées est la **pensée linéaire**. Ce type de pensée, qui suit une séquence logique et prévisible, est utile pour les tâches simples et quotidiennes, mais constitue un piège lorsqu'il s'agit de créativité. Si la pensée linéaire peut offrir des solutions sûres et confortables, elle est également **limitative** car elle restreint l'éventail des possibilités que vous pouvez envisager.

C'est là que les autres livres sur la créativité et la résolution de problèmes échouent souvent : ils se concentrent sur l'optimisation de la pensée linéaire, en vous donnant des listes et des structures pour résoudre les problèmes de manière organisée. Cependant, ce dont vous avez réellement besoin pour libérer votre créativité, c'est de **briser ce schéma** et d'adopter une approche plus holistique et expansive.

La PNL nous offre une approche révolutionnaire appelée **pensée non linéaire**, qui ne suit pas un chemin prédéfini. Cette méthode vous aide à explorer des idées dans plusieurs directions à la fois, sans suivre une séquence rigide. Imaginez que votre esprit n'est plus limité par un seul chemin de pensée, mais que vous pouvez passer d'une idée à l'autre, d'un concept à l'autre et d'une possibilité à l'autre sans perdre de vue votre objectif final.

> *"La pensée créative ne suit pas un chemin rectiligne, mais s'étend dans toutes les directions, ouvrant des portes là où il n'y avait que des murs auparavant." - Robert Frost*

La technique de l'association libre : relier des idées improbables

L'une des ressources les plus puissantes qu'offre la PNL pour briser la rigidité de la pensée linéaire est l'**association libre**. Cette technique consiste à **laisser son esprit s'exprimer librement**, en reliant des idées, des concepts ou des images qui, à première vue, ne semblent pas avoir de lien entre eux. La magie de l'association libre est qu'elle permet l'émergence de combinaisons inattendues, créant des solutions que vous n'auriez jamais imaginées si vous étiez resté dans les limites de la stricte logique.

La clé est de s'autoriser à penser sans restrictions. Souvent, nous sommes conditionnés à croire que seules les idées qui semblent "raisonnables" sont valables. Or, la PNL montre que les **connexions inhabituelles** sont souvent les plus créatives et les plus efficaces. En pratiquant l'association libre, vous entraînez votre esprit à créer des **ponts inattendus entre les concepts**, ce qui débloque un flot d'idées et de perspectives nouvelles.

Lorsque vous appliquez cette technique, vous réalisez que le véritable pouvoir créatif ne réside pas dans le fait de suivre un chemin prédéfini, mais dans le fait de **vous permettre d'explorer de multiples directions**. Cette approche vous libère de la pensée conventionnelle et vous plonge dans un état de **flux créatif**, où les idées fusent en permanence et sans effort.

Éviter le piège du perfectionnisme : comment libérer votre créativité sans barrières

Un autre obstacle auquel la plupart des créatifs sont confrontés est le piège du **perfectionnisme**. Le perfectionnisme ne bloque pas seulement votre capacité à générer de nouvelles idées, il vous paralyse également dans le processus, vous empêchant d'aller de l'avant. En effet, lorsque vous vous efforcez de rendre chaque idée parfaite dès le départ, vous **coupez le flux créatif** avant qu'il n'ait une chance de se développer.

La PNL offre une solution innovante à ce problème grâce à la **pensée itérative**. Cette approche consiste à permettre à vos idées d'évoluer et de changer au fil du temps, sans leur imposer un fardeau de perfection dès le départ. Au lieu de vous demander si votre première idée est la meilleure, vous vous concentrez sur la **production d'une série d'idées**, sachant que vous pouvez revenir en arrière et les affiner plus tard.

En libérant votre esprit du besoin de perfection, vous permettez au processus créatif de se dérouler plus librement. Ainsi, non seulement vous générez plus d'idées, mais celles-ci **ont la possibilité d'évoluer** vers quelque chose de bien plus puissant que vous ne l'auriez imaginé au départ. Grâce à cette technique, vous entraînez votre esprit à **explorer sans crainte**, ce qui conduit inévitablement à des découvertes plus profondes et plus transformatrices.

Comment la PNL vous aide à identifier et à éliminer les blocages créatifs

Un aspect que beaucoup d'autres livres sur la créativité n'abordent pas de manière adéquate est l'**identification des blocages créatifs**. Que se passe-t-il lorsque vous vous sentez incapable de générer de nouvelles idées ? Beaucoup vous diront de vous "détendre" ou d'"attendre que l'inspiration vienne". Mais en réalité, lorsque vous n'arrivez pas à trouver de nouvelles idées, c'est parce que des blocages subconscients limitent votre capacité créative.

La PNL offre des outils spécifiques pour **identifier et éliminer ces blocages**. En utilisant des techniques telles que l'**ancrage émotionnel** ou la **méta-modélisation**, vous pouvez plonger dans votre subconscient et découvrir quelles sont les croyances ou les peurs qui empêchent les idées de jaillir. Il peut s'agir d'une peur de l'échec, de la conviction que vous n'êtes pas assez créatif ou d'un doute sur la validité de vos idées. La PNL vous aide à **démanteler ces croyances** afin qu'elles n'interfèrent pas avec votre processus créatif.

> *"Les limites que vous voyez à votre créativité ne sont que les limites que votre esprit a décidé d'accepter." - Dr.*

Grâce à cette compréhension, vous serez en mesure **de libérer le potentiel bloqué** dans votre esprit. Une fois que vous aurez identifié ces blocages, vous pourrez les remplacer par des croyances plus constructives qui stimuleront votre créativité au lieu de la restreindre. C'est là le véritable pouvoir de la PNL : elle vous permet de **libérer votre esprit à des niveaux plus profonds**, garantissant ainsi que les idées ne s'arrêtent jamais.

La technique du changement d'environnement mental : comment créer les conditions parfaites pour la créativité

Enfin, l'un des facteurs les plus sous-estimés de la génération d'idées est l'**environnement mental** dans lequel vous évoluez. Souvent, le blocage créatif n'est pas dû à un manque d'idées, mais au fait que votre esprit fonctionne dans un environnement **qui n'est pas propice à la créativité**. C'est là que la PNL introduit le concept de **changement d'état**, qui vous permet d'ajuster votre environnement mental afin d'optimiser votre capacité créative.

Le **changement d'état** est la capacité à passer intentionnellement d'un état émotionnel et mental à un autre. Cet aspect est crucial pour la créativité, car l'état d'esprit dans lequel vous vous trouvez peut influencer radicalement votre capacité à générer des idées. Si vous vous sentez stressé, anxieux ou distrait, votre créativité risque d'être limitée. La PNL vous apprend à **induire des états de relaxation, de concentration et d'ouverture**, ce qui permet aux idées de circuler plus facilement.

"La créativité n'est pas un acte forcé ; elle est le résultat d'un environnement interne qui permet aux idées d'émerger". - Eckhart Tolle

Apprendre à modifier votre environnement mental vous donne un **contrôle total sur votre processus créatif**. Vous ne serez plus à la merci des distractions ou de votre état émotionnel ; vous serez en mesure de créer les conditions parfaites pour que votre esprit fonctionne à son plein potentiel. Ce niveau de contrôle est essentiel pour ceux qui souhaitent débloquer une créativité constante et durable, sans dépendre de facteurs externes.

Grâce à tous ces outils et stratégies de PNL, vous serez non seulement capable de générer des idées, mais vous maîtriserez l'art de libérer votre potentiel créatif à volonté. C'est la clé pour **développer vos capacités mentales** et accéder à un flux ininterrompu d'inspiration, quels que soient les défis auxquels vous êtes confronté.

Vaincre la peur des idées nouvelles : franchir les barrières de la pensée traditionnelle

L'un des principaux obstacles auxquels se heurtent les personnes qui tentent de libérer leur créativité est la **peur des idées nouvelles**. Cette peur n'est pas toujours évidente ; elle se manifeste souvent par une résistance inconsciente à l'**exploration de territoires inexplorés** ou à la remise en question de ce que nous savons déjà. La plupart des livres sur la créativité présentent des techniques pour générer des idées, mais **ignorent la composante émotionnelle** qui influence le processus créatif : la peur de l'inconnu.

Cette peur provient d'une tendance naturelle **à s'accrocher à ce qui nous est familier**, même lorsque nous savons que le changement et l'innovation sont nécessaires. La PNL nous enseigne que la clé pour débloquer de nouvelles idées ne consiste pas seulement à générer plus de pensées, mais aussi à **briser les barrières émotionnelles** qui limitent notre volonté d'accepter ce que ces nouvelles idées peuvent apporter.

Il est essentiel d'apprendre à **désensibiliser cette peur**, et la PNL dispose de techniques très efficaces pour y parvenir. Grâce à l'**ancrage émotionnel** et au **recadrage**, vous pouvez entraîner votre esprit à voir la nouveauté, au lieu de la craindre, comme une occasion passionnante de se développer. Au fil du temps, votre cerveau s'habituera à **rechercher la nouveauté** au lieu de la craindre, libérant ainsi une source illimitée d'inspiration et de créativité.

La technique de désensibilisation progressive : Accepter l'incertitude

L'une des techniques les plus puissantes pour surmonter la peur des idées nouvelles est la **désensibilisation progressive**, une stratégie utilisée par la PNL pour rendre progressivement moins intimidantes les situations génératrices d'anxiété. Appliquée au domaine de la créativité, cette technique consiste à **s'exposer progressivement à l'inconnu** jusqu'à ce qu'il devienne familier.

Imaginez que vous soyez confronté à un défi créatif qui semble trop risqué ou hors du commun. Au lieu d'essayer de sauter directement à la solution la plus radicale, vous pouvez commencer par faire de petits pas dans cet espace d'incertitude. Progressivement, **votre esprit s'adaptera** à la sensation d'inconfort et ce qui vous semblait effrayant auparavant deviendra une nouvelle source d'énergie créative.

Cette stratégie vous permet non seulement **de débloquer des idées plus audacieuses**, mais aussi de vous entraîner à opérer avec confiance dans des espaces où d'autres hésitent. En désensibilisant la peur, votre capacité à **explorer l'incertain** augmente, ce qui conduit inévitablement à des découvertes plus profondes et plus transformatrices.

Le rôle des croyances limitatives dans la créativité : comment les détecter et les surmonter

Souvent, le véritable blocage créatif n'est pas un manque d'idées, mais les **croyances limitatives** qui opèrent au fond de notre esprit. Ces croyances agissent comme une barrière invisible qui nous empêche d'explorer librement de nouvelles idées. Vous vous êtes peut-être déjà dit "je ne suis pas assez créatif" ou "cette idée ne marchera pas" avant même de lui donner une chance. Ce type d'**autocritique** sabote votre capacité à débloquer des idées.

C'est là que la PNL est vraiment efficace. Grâce à la **méta-modélisation** et à l'analyse de vos schémas de pensée, vous pouvez identifier ces croyances limitantes et **les reprogrammer** pour qu'**elles** travaillent pour vous plutôt que contre vous. La première étape consiste à **reconnaître les croyances** qui vous freinent. Posez-vous la question suivante : quelles sont les croyances que j'ai au sujet de mes capacités créatives ? Lesquelles de ces croyances limitent mon potentiel ?

> *"La limite de votre créativité n'est rien d'autre que la limite de ce que vous pensez être possible. - Richard Bandler*

Une fois que vous avez identifié ces croyances, la PNL vous apprend à **les remplacer** par des croyances plus valorisantes. Au lieu de vous dire "c'est trop difficile", vous pouvez commencer à vous dire "ce défi va m'aider à grandir".

Ce changement dans votre structure mentale débloque non seulement de nouvelles idées, mais vous donne le pouvoir de **les mettre en œuvre** avec confiance et détermination.

Comment créer un écosystème mental qui encourage la créativité ?

L'environnement dans lequel vous pensez et créez a un impact profond sur votre capacité à générer de nouvelles idées. Cependant, la plupart des livres sur la créativité se concentrent uniquement sur l'environnement physique (votre espace de travail, votre routine quotidienne) et abordent rarement l'**environnement mental** dans lequel vous évoluez. La PNL, en revanche, vous montre comment créer un **écosystème mental** qui favorise la croissance de vos idées.

Cet écosystème mental est un état de **clarté et d'ouverture** que vous pouvez induire dans votre esprit en utilisant des techniques telles que la **visualisation guidée** et l'**ancrage émotionnel positif**. Grâce à la visualisation, vous pouvez entraîner votre esprit à créer un espace intérieur dans lequel les idées peuvent circuler librement, sans être distraites par le stress ou les soucis quotidiens.

"La créativité s'épanouit lorsque le bruit mental disparaît. - Eckhart Tolle

En cultivant ce type d'environnement mental, vous vous rendez compte que **les idées n'ont pas besoin d'être forcées**. Elles surgissent naturellement lorsque votre esprit est débarrassé des interférences et des bruits qui bloquent normalement votre capacité à penser clairement. Cette approche est essentielle **pour maintenir une créativité constante** et durable, même au milieu des pressions quotidiennes.

Transformer les échecs en potentiel créatif : le secret des créatifs résilients

Enfin, l'un des points souvent négligés dans la littérature sur la créativité est la capacité à **transformer les échecs en sources d'idées nouvelles**. De nombreux ouvrages vous apprennent à éviter l'échec ou à le surmonter rapidement, mais peu vous montrent comment **l'exploiter comme une ressource**. La PNL adopte une approche différente, en vous apprenant à considérer l'échec non pas comme un obstacle, mais comme une opportunité d'ouvrir une nouvelle perspective créative.

L'échec a une qualité unique : il vous oblige à reconsidérer vos hypothèses, à **envisager le problème sous un angle différent**. C'est précisément ce dont vous avez besoin lorsque vous essayez de trouver de nouvelles idées. En apprenant à **considérer l'échec** comme une expérience qui fournit des données précieuses, vous vous rendez compte que chaque fois que quelque chose ne se passe pas comme prévu, vous avez en fait découvert de **nouvelles possibilités** que vous n'aviez pas envisagées auparavant.

> *"L'échec n'est qu'un autre mot pour désigner l'apprentissage. Plus vous échouez, plus vous découvrez rapidement ce qui ne fonctionne pas." -* Thomas Edison

Lorsque vous adoptez cet état d'esprit, vous **devenez créativement résistant**. Vous n'avez plus peur de faire des erreurs, car vous savez qu'elles ne sont que le **point de départ** de votre prochaine grande découverte. Il s'agit d'une compétence essentielle qui vous permettra de **soutenir votre créativité** au fil du temps, sans vous épuiser ni vous sentir frustré par les défis inévitables qui surgissent au cours du processus créatif.

Grâce à ces stratégies basées sur la PNL, vous n'aurez pas seulement débloqué de nouvelles idées, mais vous aurez transformé votre relation avec le processus créatif lui-même. **La peur, l'échec et les croyances limitatives** ne seront plus des obstacles, mais des outils que vous utiliserez pour développer votre esprit et générer des idées de manière continue et fluide.

Chapitre 6 : Utiliser la PNL pour améliorer les performances intellectuelles

La performance intellectuelle - cette capacité à penser clairement, à apprendre rapidement et à résoudre des problèmes efficacement - est un aspect central de notre vie professionnelle et personnelle. Cependant, nous sous-estimons souvent **le pouvoir de l'esprit** pour améliorer considérablement ces performances, simplement parce que nous n'avons pas été formés pour accéder efficacement à nos ressources intérieures. C'est là que la programmation neurolinguistique (PNL) devient un allié indispensable. Au lieu de regarder à l'extérieur de nous, la PNL nous apprend à **optimiser nos propres capacités** grâce à des techniques simples mais incroyablement puissantes.

La plupart des personnes qui s'efforcent d'améliorer leurs performances intellectuelles ont l'impression que leurs efforts ne portent pas leurs fruits, comme si elles étaient bloquées dans un cycle de faible productivité mentale. Les autres ouvrages sur les performances se concentrent souvent sur des **méthodes superficielles**, telles que les techniques de mémorisation ou la gestion du temps, mais ce dont vous avez réellement besoin, c'est d'**entraîner votre esprit** à fonctionner à son plein potentiel de manière régulière. **Ce chapitre vous montrera comment y parvenir.**

L'activation des états d'esprit optimaux

L'un des principaux problèmes rencontrés par les personnes qui tentent d'améliorer leurs performances intellectuelles est le **manque d'accès à des états mentaux optimaux** au bon moment. Si vous êtes fatigué, dispersé ou débordé, votre capacité à apprendre, à analyser ou à résoudre des problèmes diminue considérablement. C'est là que la PNL se distingue en proposant des outils tels que l'**ancrage émotionnel**, qui vous permettent d'accéder à des **états de haute performance** au moment où vous en avez le plus besoin.

L'ancrage consiste à associer certains stimuli à des états d'esprit spécifiques, de sorte que vous puissiez les activer à volonté. Imaginez que vous puissiez activer votre **état de concentration le plus élevé** simplement en touchant votre poignet ou en faisant un certain geste. Ce type de contrôle vous permet de fonctionner à un niveau intellectuel beaucoup plus élevé de manière constante, sans dépendre des fluctuations émotionnelles ou de l'environnement.

"Votre esprit est comme un interrupteur. Ce qui compte, c'est d'apprendre à l'allumer au bon moment". - Dr. Dominic

En maîtrisant l'ancrage, vous entraînerez votre esprit à entrer dans des états de performance maximale à la demande, ce qui transformera votre capacité à **traiter l'information, à apprendre et à penser de manière critique** beaucoup plus rapidement et efficacement.

Reprogrammer ses croyances pour maximiser son potentiel intellectuel

Un autre obstacle qui limite les performances intellectuelles de nombreuses personnes est constitué par les **croyances limitatives** qui ont pris racine dans leur subconscient. Avez-vous déjà pensé "Je ne suis pas assez intelligent pour cela" ou "Je n'arrive pas à comprendre" ? Ces pensées ne sont pas des faits, mais des **croyances** qui affectent directement vos performances. Si vous pensez que vous ne pouvez pas vous améliorer, vous plafonnez vos capacités.

La PNL propose des techniques pour **reprogrammer ces croyances limitatives** et les remplacer par des croyances stimulantes. Grâce à l'utilisation d'affirmations et de visualisations, vous pouvez commencer à conditionner votre esprit de telle sorte qu'au lieu de se limiter, il recherche constamment de **nouvelles opportunités d'expansion**. En changeant ces croyances, votre cerveau commence à fonctionner à partir d'un espace de possibilités et de croissance, ce qui élève naturellement vos performances intellectuelles.

> *"Ce que vous croyez à propos de vous-même détermine ce que vous êtes capable de réaliser. - Henry Ford*

Ce changement d'état d'esprit améliore non seulement votre capacité à apprendre et à traiter l'information, mais il **ouvre** également **la voie à une croissance continue**, en éliminant les blocages internes qui vous empêchaient auparavant d'atteindre votre plein potentiel.

Exploiter la neuroplasticité pour améliorer les performances

Un concept que beaucoup ne prennent pas en compte lorsqu'ils tentent d'améliorer leurs performances intellectuelles est le pouvoir de la **neuroplasticité** : la capacité du cerveau à changer et à s'adapter tout au long de la vie. Alors que de nombreuses personnes pensent que leurs capacités cognitives sont fixées par la génétique ou l'âge, la science a montré que le cerveau **ne cesse jamais d'apprendre et de s'adapter**.

La PNL exploite ce principe grâce à des techniques qui **entraînent votre cerveau** à former de nouvelles connexions et à améliorer son efficacité. En utilisant la **modélisation** (une technique dans laquelle vous observez et reproduisez les schémas de pensée des personnes qui réussissent), vous pouvez recâbler votre propre cerveau pour qu'il **pense et agisse plus efficacement**. Ce processus permet à vos capacités intellectuelles de se développer régulièrement, quel que soit votre âge ou votre point de départ.

> *"La capacité du cerveau à changer est infinie ; il suffit d'un stimulus adéquat. - Norman Doidge*

En intégrant la modélisation dans votre routine mentale quotidienne, vous commencerez à remarquer que vos capacités intellectuelles ne s'améliorent pas seulement, mais qu'elles **se développent de manière exponentielle**. Chaque nouveau défi devient une occasion de renforcer et d'affiner vos compétences cognitives.

Surmonter la surcharge mentale : Stratégies PNL pour se vider l'esprit

Dans le monde d'aujourd'hui, l'un des plus grands ennemis des performances intellectuelles est la **surcharge mentale**. Avec tant d'informations autour de nous, il est facile de se sentir submergé, et ce sentiment de saturation peut vous paralyser. La PNL propose des solutions pratiques pour **se libérer l'esprit** et **se concentrer sur l'essentiel**, ce qui est rarement abordé dans les autres ouvrages sur la performance.

L'une des techniques les plus efficaces pour éviter la surcharge est le **"chunking"**, une méthode qui vous apprend à diviser de grandes quantités d'informations en morceaux plus faciles à gérer. Ce faisant, non seulement vous réduisez le sentiment d'être submergé, mais **vous facilitez** également **la rétention des informations** et améliorez votre capacité à les traiter plus efficacement.

> *"La clarté d'esprit est le fondement de la performance intellectuelle. Lorsque vous avez l'esprit clair, tout le reste se met en place." - Deepak Chopra*

Cette approche de l'information, qui consiste à diviser pour mieux régner, améliore non seulement vos performances immédiates, mais vous aide également à **garder l'esprit clair et sans distraction**, ce qui est essentiel pour maintenir un niveau élevé de productivité mentale à long terme.

Créer des habitudes pour des performances constantes

Enfin, l'un des facteurs clés de l'amélioration et du maintien des performances intellectuelles est la création d'**habitudes mentales**. La PNL ne vise pas seulement à améliorer vos performances à court terme, mais à vous aider à développer des habitudes durables qui vous permettront de fonctionner à un niveau élevé et constant.

Une habitude mentale puissante que vous pouvez adopter est celle de la **visualisation de la réussite**, qui consiste à entraîner votre esprit à visualiser des résultats positifs avant d'entreprendre une tâche intellectuelle. En vous visualisant en train de réussir, vous conditionnez votre cerveau à **se concentrer sur ce qui est possible**, plutôt que sur les obstacles.

En établissant de telles habitudes d'esprit, vous vous assurez que vos performances intellectuelles ne dépendent pas de **pics de motivation** ou de moments isolés de clarté, mais qu'elles sont le résultat d'un processus continu que vous cultivez jour après jour.

Grâce aux techniques de PNL que vous avez apprises dans ce chapitre, vous disposez maintenant des outils nécessaires pour **transformer vos performances intellectuelles** d'une manière qui va au-delà de ce que la plupart des méthodes conventionnelles peuvent offrir. Non seulement vous améliorerez votre capacité à penser et à apprendre plus rapidement, mais vous le ferez de manière durable, en construisant un système mental qui vous permettra de **maximiser votre potentiel intellectuel** dans n'importe quelle situation.

Chapitre 6 : Utiliser la PNL pour améliorer les performances intellectuelles

Les performances intellectuelles ne se limitent pas à la quantité de connaissances acquises ou à la rapidité avec laquelle vous pouvez résoudre des problèmes ; il s'agit d'une synergie entre votre capacité de réflexion, vos émotions et votre aptitude à accéder à des états mentaux optimaux. Si vous avez l'impression que votre esprit travaille sans enthousiasme, que vous pouvez accomplir davantage, mais que quelque chose vous en empêche, vous n'êtes pas seul. La plupart des gens ne connaissent pas leur véritable potentiel parce qu'ils n'ont pas appris à accéder efficacement à leurs ressources intérieures. C'est là que la programmation neurolinguistique (PNL) entre en jeu, en vous offrant des **outils pour débloquer** vos performances intellectuelles maximales, d'une manière simple et puissante.

Souvent, les ouvrages consacrés à l'amélioration des performances mentales se concentrent sur des techniques qui concernent la mémoire, la concentration ou la vitesse d'apprentissage, mais abordent rarement les **principes fondamentaux de l'état d'esprit** et de la **gestion des émotions**, des éléments qui sont pourtant cruciaux pour des performances durables. Dans ce chapitre, vous découvrirez comment la PNL transforme votre façon de fonctionner mentalement et comment vous pouvez l'utiliser pour **libérer votre véritable puissance cérébrale**.

Reprogrammer le cerveau : améliorer la neuroplasticité grâce à la PNL

L'un des concepts les plus révolutionnaires de la PNL est sa capacité à exploiter le pouvoir de la **neuroplasticité**. La science a montré que le cerveau a la capacité de se réorganiser et de former de nouvelles connexions tout au long de la vie, mais combien de personnes utilisent réellement cette connaissance pour améliorer leurs performances ? La PNL vous apprend à **modeler consciemment** votre cerveau, ce qui lui permet de s'adapter, d'apprendre et de réagir plus efficacement.

Grâce à des techniques telles que la **modélisation mentale**, qui consiste à observer et à reproduire les schémas de pensée des personnes très efficaces, vous pouvez commencer à reprogrammer votre cerveau pour qu'il **pense comme les meilleurs**. Cette technique vous permet non seulement d'améliorer vos performances dans des domaines spécifiques, mais vous apprend également à élargir votre façon de penser, ce qui vous ouvre les portes à de nouvelles façons d'aborder les problèmes et de développer des idées.

> *"L'esprit n'est pas un récipient à remplir, mais une flamme à allumer. - Plutarque*

Lorsque vous appliquez ces techniques de PNL, vous commencez à entraîner votre cerveau à fonctionner de manière optimale, en formant de nouvelles connexions qui améliorent votre capacité d'apprentissage, de mémoire et de traitement mental. Vous n'avez plus l'impression que votre esprit est "gelé" ou bloqué dans des schémas inefficaces, et vous découvrez une agilité mentale que vous n'auriez jamais imaginée.

Utiliser l'ancrage pour accéder aux États à haute performance

Un autre pilier de la PNL pour améliorer les performances intellectuelles est l'**ancrage émotionnel et mental**. Souvent, les gens essaient d'atteindre des états de concentration ou de clarté mentale, mais ils le font sans les bons outils, en s'en remettant au hasard. L'ancrage permet de **programmer son esprit de** telle sorte qu'en effectuant certains gestes ou en écoutant certains sons, on accède instantanément à un état de haute productivité.

Imaginez qu'à chaque fois que vous vous sentez dispersé ou incapable de vous concentrer, vous ayez la possibilité de faire un simple geste, comme toucher le lobe de votre oreille, et d'entrer automatiquement dans un état de concentration totale. C'est exactement ce que permet l'ancrage : **conditionner votre cerveau** à répondre à des signaux spécifiques avec un état d'esprit optimisé.

> *"Contrôler son état mental est la clé pour maîtriser ses performances intellectuelles." - Dr. Dominic*

Ce contrôle de votre état mental vous permettra de fonctionner au maximum de vos capacités dans n'importe quelle situation, qu'il s'agisse d'un examen, d'une réunion importante ou d'une tâche intellectuellement exigeante. En apprenant à ancrer vos émotions et vos pensées, vous êtes maître de vos performances, sans dépendre de l'environnement ou des circonstances.

Éliminer les distractions internes : comment la PNL améliore la clarté mentale

L'un des plus grands défis à relever pour améliorer nos performances intellectuelles est le **nombre de distractions internes** qui nous empêchent de nous concentrer. Des pensées éparses, des inquiétudes, des doutes et des croyances limitatives envahissent souvent notre esprit et, quelles que soient nos bonnes intentions, nous finissons par nous sentir submergés et paralysés.

La PNL propose des techniques spécialement conçues pour **éliminer ces distractions mentales**. Grâce au **recadrage**, vous pouvez changer la façon dont vous percevez ces distractions et les rendre impuissantes. Au lieu de les considérer comme des obstacles, vous apprenez à recadrer ces pensées, en les transformant en éléments qui **renforcent votre attention et votre concentration**.

> *"Le chaos mental n'existe que lorsque vous lui donnez le contrôle. L'ordre mental est quelque chose que vous créez. - Tony Robbins*

Grâce à ce processus, vous ne vous débarrassez pas seulement des distractions mentales, mais vous améliorez également votre capacité à rester **concentré sur ce qui est important**, ce qui permet à vos ressources intellectuelles de fonctionner à leur plein potentiel sans être interrompues par des bruits inutiles.

La technique du découpage en tranches : comment gérer de grandes quantités d'informations

L'une des plaintes les plus courantes lorsqu'il s'agit d'améliorer les performances intellectuelles est la **surcharge d'informations**. À l'ère de l'information, la quantité de données que nous absorbons quotidiennement est écrasante et nous nous sentons souvent incapables de tout traiter. C'est là que la technique de **découpage de** la PNL devient un outil puissant.

Le découpage est l'art de **diviser de grandes quantités d'informations en morceaux faciles à gérer**. Lorsque vous appliquez cette technique, votre cerveau est capable de retenir et de traiter les informations plus efficacement, ce qui vous permet d'absorber beaucoup plus de contenu sans vous sentir submergé. Cette technique est particulièrement utile lorsque vous êtes confronté à des sujets complexes ou vastes, car elle vous permet de simplifier le processus d'apprentissage sans sacrifier la profondeur.

> *"La gestion de l'information est une compétence, le découpage est un outil. - George A. Miller*

Le découpage n'améliore pas seulement votre capacité d'apprentissage, il vous donne également la confiance nécessaire pour **relever n'importe quel défi intellectuel** sans vous sentir dépassé. Vous apprenez à organiser l'information de manière à ce que votre cerveau puisse la traiter facilement, ce qui augmente votre capacité de rétention et d'analyse.

L'importance du dialogue avec soi-même : Reprogrammer son esprit pour réussir

Enfin, le **dialogue avec soi-même** est un outil qui est rarement abordé de manière adéquate dans la plupart des ouvrages sur les performances intellectuelles. La façon dont vous vous parlez à vous-même influence directement vos performances. Si vous vous dites constamment que vous n'êtes pas assez bon ou que vous n'êtes pas capable d'atteindre certains objectifs intellectuels, votre cerveau croira ces mots et **adaptera vos performances** à ces attentes.

La PNL vous apprend à utiliser votre langage intérieur de manière constructive. En apprenant à **reprogrammer votre langage intérieur**, vous pouvez changer le récit que vous avez joué dans votre esprit, en remplaçant les croyances limitatives par des affirmations positives et puissantes. Au lieu de penser "je ne peux pas faire ça", vous commencerez à vous dire "j'apprends à maîtriser cela", ce qui changera radicalement vos performances.

"Les mots que vous vous dites à vous-même sont des ordres directs à votre cerveau. - Henry Ford

Lorsque vous maîtrisez l'art du dialogue avec vous-même, vous réalisez que vous pouvez influencer tous les aspects de vos performances intellectuelles. Chaque fois que vous serez confronté à un défi, au lieu d'hésiter, votre cerveau réagira avec confiance et clarté, ce qui vous permettra d'aller plus loin que vous ne l'auriez jamais cru possible.

Au fur et à mesure que vous progresserez dans l'application de ces techniques de PNL, vous verrez que l'amélioration de vos performances intellectuelles n'est pas une question de génétique ou de chance, mais de **systèmes mentaux efficaces**. En maîtrisant la reprogrammation mentale, la clarté et le contrôle de vos états internes, vous serez sur la bonne voie pour libérer un potentiel qui vous semblait auparavant inaccessible.

Briser les frontières de la pensée traditionnelle : élargir l'horizon de vos performances intellectuelles

Beaucoup d'autres livres sur les performances intellectuelles ont tendance à se concentrer sur les méthodes traditionnelles, telles que les exercices de mémorisation ou les techniques d'étude répétitives, mais ces approches sont fondamentalement erronées : elles **traitent le cerveau comme une machine**, alors qu'en réalité, l'esprit est beaucoup plus fluide et adaptable. Si vous voulez vraiment améliorer vos performances intellectuelles, vous devez aller au-delà de ce que la plupart des gens considèrent comme des limites possibles et **élargir votre capacité de réflexion grâce à la PNL**.

Le véritable obstacle à l'amélioration des performances intellectuelles n'est pas un manque de connaissances ou de compétences, mais la **rigidité mentale**. Souvent, nous nous retrouvons piégés dans des schémas de pensée qui limitent notre capacité à résoudre des problèmes complexes ou à innover dans des situations difficiles. Ces schémas, que nous en soyons conscients ou non, agissent comme des blocages qui freinent notre créativité et notre productivité mentale.

Restructurer les schémas mentaux : comment changer votre façon de penser

La PNL dispose d'une technique clé pour résoudre ce problème, appelée **restructuration des schémas mentaux**. Au lieu d'accepter passivement les modes de pensée que vous avez adoptés tout au long de votre vie, la PNL vous apprend à identifier ces schémas et à **les modifier activement** pour qu'ils jouent en votre faveur.

L'une des erreurs commises par les autres livres est qu'ils tentent de vous imposer de nouvelles techniques sans tenir compte des schémas sous-jacents qui contrôlent votre pensée. Quel que soit le nombre d'exercices de concentration que vous essayez, si votre esprit est bloqué dans le schéma **"c'est trop difficile"**, vous ne serez pas en mesure de surmonter cet obstacle. La restructuration vous permet de **rompre ce cycle** en changeant consciemment le récit mental qui accompagne votre pensée.

"Le changement ne commence pas par ce que vous faites, mais par ce que vous croyez possible. - Richard Bandler

Une fois que vous maîtrisez la restructuration, vous commencez à voir un changement radical dans votre approche. Les problèmes ne semblent plus être des obstacles insurmontables, mais des occasions d'appliquer une

nouvelle façon de penser. Vous vous rendez compte qu'en changeant la façon dont vous structurez vos pensées, vous pouvez aborder n'importe quel défi intellectuel de façon plus claire et plus efficace.

Accélérer la courbe d'apprentissage : exploiter la puissance du microapprentissage

Un autre aspect rarement exploré dans la plupart des ouvrages sur les performances intellectuelles est la manière de gérer plus efficacement la **courbe d'apprentissage**. De nombreuses approches traditionnelles reposent sur un apprentissage linéaire, mais la PNL propose quelque chose de beaucoup plus dynamique : le **microapprentissage**.

Le microapprentissage consiste à **segmenter vos processus d'apprentissage en petits morceaux gérables** qui permettent à votre cerveau d'absorber l'information plus rapidement et avec moins d'efforts. Cette approche correspond parfaitement à la manière dont le cerveau traite les informations. Au lieu de vous submerger de grandes quantités de contenu, vous pouvez **diviser l'apprentissage en petites parties**, ce qui augmente considérablement votre capacité à retenir l'information.

"Plus le pas est petit, plus la percée est grande. - Tony Robbins

L'avantage de cette technique est qu'elle vous permet d'**apprendre plus rapidement** sans sacrifier la qualité de l'apprentissage. Le cerveau est capable de traiter plus efficacement de petits paquets d'informations et, avec chaque microapprentissage, vous créez **une base solide** qui vous permettra d'avancer plus rapidement dans votre développement intellectuel.

Comment la PNL transforme la pensée critique : de l'analyse à l'action

La pensée critique est une compétence que beaucoup reconnaissent comme essentielle à la réussite intellectuelle, mais peu savent vraiment comment la développer à son plein potentiel. La PNL vous apprend non seulement à mieux analyser les informations, mais vous guide également dans le processus de **transformation de cette analyse en action efficace**.

Le problème auquel de nombreuses personnes sont confrontées lorsqu'elles tentent d'améliorer leurs performances intellectuelles est qu'elles **restent bloquées dans l'analyse**, incapables de prendre des décisions ou d'agir efficacement. Cette paralysie par l'analyse est l'une des principales raisons pour lesquelles les gens ne progressent pas dans leur développement intellectuel. La PNL résout ce problème en vous apprenant à **équilibrer l'évaluation critique et la prise de décision rapide** et efficace.

> *"L'analyse n'est que la première étape ; la véritable intelligence consiste à savoir quand agir.*
> *- Malcolm Gladwell*

Grâce aux techniques de la PNL, vous apprenez à faire confiance à votre processus de réflexion critique, tout en développant la confiance nécessaire pour agir en cas de besoin. Cet équilibre est ce qui élève réellement vos performances intellectuelles, vous permettant d'**analyser avec précision** et d'**exécuter sans hésitation**, vous donnant un avantage inégalé dans n'importe quel environnement intellectuel ou professionnel.

La créativité, moteur de la performance intellectuelle

L'un des grands mythes perpétués par de nombreux livres est la séparation entre la **créativité et la pensée intellectuelle.** En réalité, ces deux capacités sont profondément liées. Pour maximiser vos performances intellectuelles, vous devez libérer votre capacité créative, car c'est la créativité qui vous permet de **sortir des sentiers battus** et de trouver des solutions innovantes à des problèmes complexes.

La PNL offre une approche unique pour libérer la créativité grâce à des techniques telles que l'**association libre** et le **recadrage créatif.** Ces outils vous permettent d'**explorer de nouvelles façons de penser** qui remettent en question les conventions et, ce faisant, développent votre capacité à résoudre les problèmes de manière plus agile et plus efficace.

"La créativité, c'est l'intelligence qui s'amuse. -
Albert Einstein

Lorsque vous combinez la créativité et l'esprit critique grâce à la PNL, **vous devenez infiniment plus efficace.** Vous ne pensez plus seulement en termes de "bien" ou de "mal", mais vous commencez à explorer **toutes les possibilités** qui peuvent vous conduire à un résultat encore meilleur que celui que vous aviez imaginé.

La technique du recadrage pour résoudre les blocages intellectuels

L'une des techniques les plus puissantes proposées par la PNL pour améliorer vos performances intellectuelles est le **recadrage.** Lorsque vous êtes confronté à un blocage mental ou à un problème qui semble insoluble, le recadrage vous permet de **changer la perspective** dans laquelle vous l'envisagez.

De nombreux ouvrages proposent des solutions étape par étape, mais la réalité est que parfois, ce n'est pas d'une nouvelle solution dont vous avez besoin, mais d'**une nouvelle façon d'envisager le problème**. En changeant votre cadre de référence, vous pouvez transformer un obstacle en une opportunité ou un défi en une leçon qui vous propulse à un niveau supérieur.

> *"Le pouvoir de changer votre esprit n'est pas dans les réponses, mais dans les questions que vous vous posez. - Viktor Frankl*

En appliquant le recadrage, vous découvrirez de nouvelles façons de résoudre des problèmes qui semblaient impossibles auparavant. Cette approche améliore non seulement votre capacité à **résoudre des problèmes complexes**, mais vous donne également un outil pour surmonter tous les obstacles intellectuels que vous rencontrerez à l'avenir.

Ce chapitre a révélé comment la PNL va bien au-delà des approches conventionnelles pour améliorer vos performances intellectuelles. Non seulement elle vous permet de penser plus vite ou d'absorber l'information plus efficacement, mais elle vous donne les outils pour **transformer complètement vos capacités mentales**. Grâce à ces techniques, vous serez non seulement à l'avant-garde de votre propre développement intellectuel, mais vous aurez ouvert la porte à de **nouvelles possibilités** qui vous permettront d'exceller dans n'importe quel domaine.

Développer la résilience intellectuelle : comment la PNL vous permet de maintenir des performances optimales sous pression

La pression mentale et émotionnelle est l'un des aspects les plus difficiles des performances intellectuelles que la plupart des livres ont tendance à ignorer. Nous avons tous connu ce moment où les exigences d'une situation - qu'il s'agisse d'un examen crucial, d'une présentation importante ou d'une décision critique - mettent à l'épreuve notre capacité à penser clairement. Sous la pression, il est fréquent que les performances intellectuelles en pâtissent, car des émotions telles que la peur, l'anxiété ou le doute peuvent saboter même les esprits les mieux préparés.

Cependant, la PNL nous enseigne que la pression n'est pas un obstacle insurmontable, mais un **état que nous pouvons apprendre à gérer et à maîtriser**. La clé du maintien des performances sous pression n'est pas d'éliminer le stress, mais de **transformer la façon dont vous le percevez**. En utilisant les techniques de la PNL, vous pouvez reprogrammer votre réponse émotionnelle à la pression et en **faire un allié** qui stimule vos performances au lieu de les diminuer.

La technique de redéfinition émotionnelle : transformer le stress en énergie positive

L'un des outils les plus puissants de la PNL à cette fin est la **redéfinition émotionnelle**, qui vous permet de **changer le sens que vous donnez à une situation stressante**. Au lieu de considérer le stress comme quelque chose de négatif, vous pouvez apprendre à le réinterpréter comme un signal indiquant que votre esprit est activé et prêt à donner le meilleur de lui-même. Ce recadrage émotionnel permet non seulement de réduire l'anxiété, mais aussi de **canaliser l'énergie** générée par le stress vers un objectif plus positif et productif.

> *"Le stress n'est qu'un mot pour désigner une énergie non canalisée. Lorsque vous apprenez à le diriger, le stress devient un pouvoir. - Richard Bandler*

Lorsque vous appliquez cette technique, vous vous rendez compte que ce que vous perceviez comme des blocages émotionnels se transforme en une force motrice qui stimule votre clarté mentale et votre concentration. Cela vous permet de **fonctionner au plus haut niveau, même dans les moments les plus tendus**, une compétence inestimable dans les situations intellectuellement exigeantes.

Comment la PNL élimine l'autocritique et vous permet de vous épanouir intellectuellement

Un autre obstacle courant aux performances intellectuelles, en particulier sous pression, est l'**autocritique excessive**. Lorsque nous sommes au milieu d'une tâche importante, notre esprit est souvent envahi par des pensées autodestructrices : "Je ne suis pas assez bon", "Je ne peux pas faire ça" ou "Je suis en train d'échouer". Cette autocritique ne sabote pas seulement nos performances, elle **bloque** également **le flux naturel des idées** et conduit à un état de paralysie mentale.

La PNL offre une solution claire et efficace : **changer votre dialogue interne**. Grâce au **recadrage linguistique** et à l'**ancrage positif**, vous pouvez apprendre à remplacer l'autocritique par des affirmations qui renforcent votre processus intellectuel. Lorsque vous entraînez votre esprit à répondre aux moments difficiles par des messages de confiance et de sécurité, non seulement vous éliminez les blocages internes, mais **vous favorisez** également **un état de fluidité** dans lequel les idées s'enchaînent sans effort.

"Ce que vous vous dites dans les moments les plus difficiles détermine le résultat. - Carl Jung

Grâce à cet outil, vous vous libérez de la pression que vous vous imposez et vous permettez à votre esprit de fonctionner au maximum de ses capacités. Vous ne vous sabotez plus avec des pensées de doute, mais vous vous **appuyez sur un dialogue interne** qui renforce votre confiance et vos performances à tout moment.

Comment créer un système de rétroaction positive pour maintenir la croissance intellectuelle ?

L'une des erreurs les plus courantes commises par les personnes qui cherchent à améliorer leurs performances intellectuelles est de **se concentrer uniquement sur les résultats immédiats**. Si l'on ne constate pas d'amélioration immédiate, il est facile de se sentir frustré et découragé. Cependant, la PNL nous apprend à adopter une approche complètement différente : **créer un système de rétroaction positive** qui nous permet de célébrer chaque petite avancée et de maintenir l'élan de la croissance.

Ce système repose sur l'idée que **chaque petit progrès est un signe de réussite** et qu'en reconnaissant et en célébrant ces progrès, nous entraînons notre esprit à rester motivé et concentré. Grâce à des techniques telles que l'**ancrage des réalisations** et la **visualisation des progrès**, vous pouvez commencer à générer un cycle positif dans lequel chaque réalisation, aussi petite soit-elle, renforce votre engagement en faveur d'une amélioration continue.

> *"Le succès n'est pas un événement, c'est une série de petites victoires qui mènent à quelque chose de plus grand. - James Clear*

Cette approche vous permet non seulement de rester motivé à long terme, mais aussi **de conserver un état d'esprit de croissance**, dans lequel l'apprentissage et le développement sont constants. En appliquant cette technique, vos performances intellectuelles ne s'amélioreront pas seulement dans le présent, mais continueront à se développer à mesure que vous cultiverez ce système de rétroaction positive.

La technique de réflexion stratégique : comment prendre des décisions rapides et efficaces

La performance intellectuelle ne consiste pas seulement à réfléchir en profondeur, mais aussi à **prendre des décisions rapides et efficaces**. Dans de nombreux contextes, en particulier sous pression, la capacité à évaluer efficacement une situation et à prendre une décision rapide est cruciale. Toutefois, ces décisions rapides suscitent souvent la peur ou l'hésitation, car les gens craignent de commettre une erreur.

La PNL enseigne la **pensée stratégique**, une technique qui permet d'**analyser rapidement les options disponibles**, d'évaluer les risques et d'agir avec confiance. Il ne s'agit pas seulement de prendre des décisions plus rapidement, mais de prendre des décisions **plus intelligentes avec une plus grande clarté**. Cette technique combine la pensée critique et l'instinct, ce qui vous permet de prendre des mesures précises sans rester bloqué dans l'indécision.

"Le temps est l'ennemi du progrès. C'est la capacité à décider rapidement et avec précision qui fait la différence". - Malcolm Gladwell

En maîtrisant la pensée stratégique grâce à la PNL, vous ne craindrez plus l'incertitude ou le risque. Au contraire, vous apprendrez à faire confiance à votre capacité à **prendre la meilleure décision** dans chaque situation, ce qui améliorera vos performances dans n'importe quel contexte, qu'il soit académique ou professionnel.

L'importance du repos et de la récupération pour optimiser les performances

Enfin, un aspect que les autres ouvrages sur les performances intellectuelles ont tendance à négliger est l'**importance du repos et de la récupération**. Dans notre culture de productivité constante, la valeur du repos est souvent sous-estimée, mais la réalité est que **votre esprit a besoin de temps pour récupérer** et traiter efficacement les informations. La PNL reconnaît également ce principe et vous apprend à **gérer votre énergie mentale de** manière à ce que vous puissiez donner le meilleur de vous-même lorsque c'est nécessaire.

Le repos n'est pas seulement une pause, c'est un **élément fondamental du processus d'apprentissage**. Grâce à des techniques telles que la **visualisation relaxante** et la **respiration contrôlée**, vous pouvez apprendre à optimiser vos périodes de repos, en veillant à ce que votre cerveau soit complètement rafraîchi et prêt à fonctionner lorsque vous en avez besoin.

> *"Le repos n'est pas une interruption du travail, c'est une partie essentielle de son cycle. - Arianna Huffington*

En comprenant et en appliquant ce principe, vous vous assurez que vos performances intellectuelles ne se produisent pas uniquement dans des moments de grande concentration, mais qu'il s'agit d'un processus durable que **vous maintiendrez au fil du temps**, sans vous épuiser ni perdre votre clarté mentale.

Ce chapitre ne s'est pas contenté d'étudier les moyens d'améliorer vos performances intellectuelles, il vous a également fourni des outils pratiques et puissants pour **maintenir et développer** ces performances en toutes circonstances. En appliquant ces techniques de PNL, vous découvrirez que non seulement vous fonctionnerez à un niveau plus élevé, mais que vous aurez construit un système interne de résilience et de croissance continue qui vous permettra de **surmonter tous les défis intellectuels** qui se présenteront à vous à l'avenir.

Chapitre 7 : Les outils de la PNL pour rester concentré mentalement

---

La concentration mentale est l'une des compétences les plus précieuses que vous puissiez développer et, paradoxalement, l'une des plus difficiles à maintenir dans le monde moderne. Nous sommes constamment bombardés de distractions : notifications, courriels, médias sociaux et le bruit même de nos pensées. Cela ne fragmente pas seulement notre **attention**, mais **dilue** également **notre capacité à maintenir la concentration nécessaire pour donner le meilleur de nous-mêmes**.

Tout au long de ce chapitre, vous découvrirez comment les outils de la Programmation Neuro Linguistique (PNL) peuvent **améliorer et soutenir votre concentration mentale**, vous permettant ainsi d'opérer à un niveau plus élevé de clarté et de productivité. Mais surtout, vous apprendrez à développer une concentration consciente qui vous permettra de **contrôler votre esprit** au lieu d'être contrôlé par les distractions qui vous entourent.

Reconfigurer son esprit pour une focalisation de précision

De nombreux ouvrages traitant de la concentration se concentrent sur des techniques superficielles, telles que l'élimination des distractions extérieures ou la gestion du temps. Bien que ces techniques soient importantes, elles **ignorent la racine du problème** : la façon dont votre esprit réagit aux distractions internes. Il est facile de bloquer les notifications ou de mettre son téléphone en mode avion, mais comment arrêter les pensées intrusives qui vous déconnectent du présent ?

C'est là que la PNL fait la différence. Grâce à des techniques telles que l'**ancrage de la concentration** et le **modelage**, vous pouvez **recâbler votre esprit de** manière à ce que, lorsque vous êtes confronté à une tâche importante, vous entriez dans un état de concentration profonde. L'ancrage de la concentration, par exemple, vous permet de conditionner votre esprit de telle sorte que lorsque vous utilisez un geste ou un mot-clé spécifique, **vous entrez immédiatement dans un état de concentration totale**.

> *"La concentration ne consiste pas simplement à éliminer ce qui vous distrait, mais à entraîner votre esprit à rester fermement concentré sur ce qui compte vraiment." - Stephen Covey*

Ce type d'entraînement mental vous fournit un outil inestimable : la capacité d'entrer et de sortir de l'état de concentration à volonté, indépendamment de ce qui se passe autour de vous. Il ne s'agit pas seulement d'éliminer les distractions, mais de **maintenir une concentration précise et soutenue**.

Comment utiliser l'ancrage pour atteindre une concentration maximale

L'ancrage est l'un des outils les plus puissants de la PNL et, lorsqu'il est utilisé correctement, il peut transformer complètement votre capacité à vous concentrer. Comme nous l'avons déjà mentionné, l'ancrage consiste à associer un stimulus spécifique à un état d'esprit désiré. Dans ce cas, l'objectif est d'**ancrer l'état de concentration maximale** à un geste, un mot ou même un son que vous déterminez.

Imaginez qu'à chaque fois que vous êtes confronté à une tâche importante ou à un défi intellectuel, vous puissiez activer cette ancre et entrer automatiquement dans un **état de concentration absolue**. Peu importe le nombre de distractions externes ou internes, votre esprit sera entraîné à répondre à l'ancre par un état de clarté mentale.

> *"La qualité de votre vie est déterminée par la qualité de votre concentration. Contrôler son esprit, c'est contrôler son destin". - Tony Robbins*

En pratiquant régulièrement l'ancrage, vous programmerez votre cerveau pour qu'il entre dans cet état plus rapidement et plus facilement chaque fois que vous en avez besoin. **Vous n'aurez plus à vous battre** pour rester concentré et vous pourrez travailler avec une clarté et des performances exceptionnelles.

Reprogrammer l'autodiscipline : développer une approche cohérente

Un aspect crucial de la concentration que de nombreux ouvrages ignorent est l'**autodiscipline mentale**. Il est facile de se concentrer lorsque l'on se sent motivé ou inspiré, mais que se passe-t-il lorsque la motivation s'estompe ? C'est là qu'intervient **la reprogrammation de l'autodiscipline** par la PNL.

La PNL vous apprend que l'autodiscipline n'est pas seulement une question de volonté. Il s'agit de **reprogrammer votre esprit** pour qu'il s'aligne sur vos objectifs à long terme, en éliminant les excuses et les pensées qui vous détournent de votre objectif. Pour ce faire, vous pouvez utiliser des outils tels que le **recadrage des** croyances, qui consiste à remplacer les croyances limitatives ("Je ne peux pas faire ça", "Je suis fatigué", "Je me laisse facilement distraire") par des croyances stimulantes qui vous permettront de rester concentré sur le présent.

> *"Ce qui alimente l'autodiscipline n'est pas la motivation, mais l'engagement inébranlable envers ce que vous voulez vraiment accomplir." - James Clear*

Grâce à cette technique, vous pouvez conditionner votre esprit de manière à ce que **le maintien de la concentration ne soit pas un effort**, mais un élément naturel de votre mode de fonctionnement. Vous ne dépendrez plus de pics d'énergie ou de motivation, mais vous aurez entraîné votre cerveau à rester discipliné et constamment concentré.

Surmonter le chaos mental : la technique du "temps bloqué

Une autre plainte fréquente concernant la concentration mentale est la difficulté à gérer le **chaos mental**. Notre esprit peut être envahi par de multiples tâches, problèmes et soucis qui se disputent notre attention. De nombreux ouvrages proposent des techniques de gestion du temps, mais omettent souvent d'aborder la question de la gestion efficace de ce chaos interne.

La PNL propose une solution par le biais de la technique du **"temps bloqué"**, une stratégie qui vous permet de diviser votre attention en blocs de temps concentrés, où une seule tâche est au centre de votre attention. Il ne s'agit pas seulement de gérer le temps, mais d'entraîner votre esprit à **fermer toutes les autres fenêtres mentales** et à se concentrer entièrement sur une seule chose à la fois.

En adoptant cette technique, vous pouvez réduire le chaos mental, augmenter votre productivité et maintenir une **clarté mentale** qui vous permettra d'être performant tout au long de la journée. Cette forme de concentration améliore également votre capacité à gérer de grandes quantités d'informations sans vous sentir submergé.

Établir un rythme de travail optimal : comment rester concentré et productif

Enfin, le dernier aspect clé que la PNL aborde pour vous permettre de rester concentré est le **rythme**. La plupart des approches traditionnelles visant à améliorer la concentration ont tendance à ignorer l'importance du repos et de la récupération. Cependant, des études récentes montrent que l'esprit humain n'est pas conçu pour se concentrer intensément pendant des heures sans interruption.

Grâce à la PNL, vous pouvez apprendre à établir un **rythme de travail optimal**, en utilisant des techniques telles que **la visualisation de la productivité** et l'**ancrage du repos**. En combinant des périodes de concentration profonde avec des pauses stratégiques, vous augmentez non seulement votre capacité à rester concentré, mais **vous évitez** également **l'épuisement mental** qui peut saboter votre productivité.

En appliquant ces stratégies, votre esprit commencera à fonctionner dans un cycle de haute performance et de repos régénérateur, ce qui vous permettra de **rester concentré tout au long de la journée** sans perdre d'énergie ou de clarté mentale.

Ce chapitre vous a révélé que la concentration mentale n'est pas seulement une compétence qui peut être améliorée, mais un **état d'esprit que vous pouvez entraîner** et optimiser grâce aux outils de la PNL. Grâce à des techniques telles que l'ancrage, la reprogrammation des croyances et la gestion du chaos mental, vous avez désormais le pouvoir de **rester concentré et de fonctionner au plus haut niveau de** vos capacités intellectuelles, quels que soient les distractions ou les défis auxquels vous êtes confronté.

Le pouvoir du recadrage mental : comment transformer les distractions en opportunités de concentration

Un problème récurrent dans la plupart des livres qui tentent d'aborder la question de la concentration mentale est qu'ils suggèrent d'**éviter les distractions** comme s'il s'agissait de simples obstacles à éliminer. Cependant, la PNL adopte une approche beaucoup plus innovante et efficace : il ne s'agit pas seulement d'éliminer les distractions extérieures, mais de **recadrer** votre perception de celles-ci afin qu'elles jouent en votre faveur.

Au lieu de considérer les distractions comme des interruptions qui vous détournent de votre tâche, la PNL vous apprend à **réinterpréter chaque distraction** comme une occasion d'entraîner votre concentration et de renforcer votre contrôle mental. Chaque fois que votre esprit s'égare, vous pouvez profiter de ce moment pour **recentrer votre attention** de manière plus consciente, renforçant ainsi votre capacité à rester concentré même dans des environnements chaotiques.

"Un esprit fort n'est pas un esprit qui n'est jamais distrait, mais un esprit qui apprend à revenir à la concentration chaque fois qu'il la perd. - Dr. Dominic

En changeant votre relation avec les distractions, vous cessez de les considérer comme des ennemis et vous les transformez en terrain d'entraînement pour votre esprit. Chaque distraction est une occasion de pratiquer l'art de **se reconcentrer** rapidement et efficacement, ce que les autres livres sur la concentration mentionnent rarement. Au lieu de lutter contre les distractions, vous apprenez **à les utiliser pour renforcer** votre capacité à vous concentrer.

La technique de la microfocalisation : maîtriser les petits moments pour obtenir de grands résultats

L'un des grands mythes sur la concentration est qu'il faut la maintenir pendant de longues heures pour être productif. Cette approche est **scientifiquement dépassée**. La PNL introduit une technique beaucoup plus efficace appelée **microfocalisation**, qui consiste à concentrer son attention dans des intervalles courts et intenses, ce qui permet d'optimiser ses performances sans épuiser ses ressources mentales.

La microfocalisation vous permet de diviser les tâches importantes en **micro-objectifs**, chacun d'entre eux ne nécessitant que quelques minutes de concentration maximale. Pendant ces quelques minutes, votre esprit s'entraîne à être pleinement présent, éliminant ainsi les distractions et la fatigue mentale qui accompagnent souvent de longues journées de travail ininterrompu.

En mettant en œuvre la microfocalisation, vous constaterez non seulement que vous réalisez plus de choses en moins de temps, mais aussi que votre **énergie mentale** reste **fraîche et renouvelée** tout au long de la journée. Cette approche est essentielle pour éviter l'épuisement professionnel et maintenir une **qualité de travail constante**, ce que les approches traditionnelles de la productivité négligent souvent.

Comment utiliser l'état des flux pour maximiser la concentration et la productivité

Un autre aspect fondamental que de nombreux ouvrages n'abordent pas est le concept d'**état de flux**, un état d'esprit dans lequel vous vous retrouvez complètement absorbé dans une tâche, perdant la notion du temps et atteignant un niveau de performance maximal. La PNL propose des outils spécifiques pour **activer l'état de fluidité à volonté**, ce qui permet de rester concentré pendant de longues périodes sans ressentir d'effort ni de fatigue.

Le flux se produit lorsque **les distractions internes et externes disparaissent** et que votre esprit est totalement aligné sur la tâche à accomplir. Cet état n'augmente pas seulement votre productivité, mais vous procure également **un sentiment de** profonde **satisfaction** qui est rarement ressenti dans des conditions de travail normales.

Apprendre à **activer et à maintenir l'état de fluidité** vous permettra d'atteindre une productivité maximale de façon régulière. Vous n'aurez plus besoin de lutter pour rester concentré ; au contraire, vous vous plongerez dans vos tâches avec facilité, atteignant des niveaux de performance que d'autres ne connaissent que dans des moments d'inspiration sporadiques.

Comment éliminer les schémas de pensée négatifs qui sabotent votre concentration

Un aspect que de nombreux lecteurs négligent lorsqu'ils tentent d'améliorer leur concentration est le **dialogue interne négatif** qui peut saboter même les meilleurs efforts de concentration. Des pensées telles que "Je ne peux pas faire ça" ou "Je suis toujours distrait" créent un cycle auto-entretenu qui vous empêche de rester concentré.

La PNL offre une solution directe et pratique pour briser ce cycle. Grâce à des techniques telles que le **recadrage linguistique** et la **modification des sous-modalités**, vous pouvez **transformer ces pensées négatives** en affirmations positives qui renforcent votre capacité à vous concentrer. Ce processus consiste à modifier le ton, la vitesse et le volume de vos pensées négatives, ce qui réduit leur impact émotionnel et vous permet de **reprendre le contrôle de votre esprit.**

> *"La concentration n'est pas seulement ce que vous faites avec votre attention, mais aussi ce que vous arrêtez de faire avec vos pensées. - Brian Tracy*

Lorsque vous apprenez à **reconfigurer votre dialogue interne**, vous réalisez que la concentration n'est pas un acte de volonté constant, mais un état d'esprit naturel lorsque les blocages internes sont éliminés. Ce changement vous permettra de rester concentré plus facilement et plus longtemps, sans la friction d'une autocritique constante.

Briser le cycle de la procrastination : les outils de la PNL pour passer à l'action

La procrastination est l'un des plus grands ennemis de la concentration. Souvent, ce n'est pas un manque de concentration qui vous empêche d'avancer, mais l'habitude de remettre à plus tard les tâches importantes, ce qui entraîne une spirale de distraction et un manque de productivité. La plupart des livres sur la concentration ont tendance à proposer des solutions superficielles à ce problème, comme les listes de tâches ou la technique classique "diviser pour régner". Cependant, la PNL aborde la procrastination sous un angle beaucoup plus profond.

La technique de **changement de sous-modalités** de la PNL vous apprend à changer la façon dont vous percevez les tâches que vous évitez. En modifiant la façon dont vous visualisez, ressentez ou entendez ces tâches dans votre esprit, vous pouvez **changer la charge émotionnelle** qui accompagne la procrastination. Par exemple, si vous vous représentez une tâche comme écrasante, vous pouvez modifier cette image mentale pour la rendre plus gérable et moins intimidante. Vous éliminerez ainsi la barrière émotionnelle qui vous pousse à la procrastination et pourrez **passer immédiatement à l'action**.

> *"La procrastination n'est pas un manque de temps, mais un manque d'engagement émotionnel clair à l'égard de la tâche. - Mel Robbins*

En mettant en œuvre cette technique, vous remarquerez que les tâches que vous remettiez auparavant à plus tard vous semblent désormais plus accessibles et moins écrasantes. Non seulement cela vous aidera à **vous** concentrer sur les tâches importantes, mais cela vous permettra également d'**avancer avec un sentiment d'accomplissement**, en éliminant le cycle de la procrastination qui sabote si souvent votre productivité.

Ce chapitre a examiné comment les outils de la PNL peuvent complètement transformer votre capacité à **rester concentré, à surmonter les distractions et à briser les cycles négatifs** qui limitent vos performances. Grâce au recadrage mental, à la microfocalisation, à l'état de flux et aux techniques visant à éliminer la procrastination, vous disposez désormais d'un ensemble complet de stratégies pour **maximiser votre capacité de concentration** et atteindre des niveaux de productivité qui semblaient auparavant inaccessibles.

La technique de la "clôture mentale" : comment terminer une tâche avec clarté et sans résidus mentaux

L'une des plus grandes difficultés auxquelles les gens sont confrontés dans leur lutte pour rester concentrés tout au long de la journée est l'**effet cumulatif des tâches inachevées**. Chaque fois que vous laissez une tâche inachevée, vous générez **un résidu mental** : une petite charge émotionnelle qui continue à prendre de la place dans votre esprit, à vous voler votre énergie et à affecter votre capacité à vous concentrer sur ce qui vient ensuite. La plupart des livres sur la productivité ignorent ce phénomène, se concentrant sur la manière de commencer les tâches mais n'accordant pas suffisamment d'importance à la manière de les terminer.

La PNL vous offre cependant une solution efficace grâce à la technique de la **fermeture mentale**. La clôture mentale consiste à **achever délibérément chaque tâche**, non seulement physiquement, mais aussi mentalement et émotionnellement. Cela signifie qu'une fois que vous avez terminé une tâche, vous devez prendre quelques minutes pour passer en revue ce que vous avez accompli, vous assurer qu'il n'y a pas de détails en suspens et **fermer consciemment la boucle mentale**.

> *"La véritable concentration ne consiste pas seulement à commencer, mais aussi à terminer en ayant l'esprit clair et en étant prêt pour la prochaine étape. - David Allen*

En appliquant cette technique, vous constaterez que chaque tâche accomplie cesse d'être une charge mentale et devient **un point de satisfaction et de clarté**. Ce processus réduit l'anxiété causée par les tâches inachevées et vous permet d'aborder le projet suivant l'esprit libre, sans qu'aucun résidu émotionnel ne vienne saboter votre concentration.

L'effet Zeigarnik : éviter l'épuisement mental dû à des tâches inachevées

L'un des principaux problèmes liés aux tâches inachevées est l'**effet Zeigarnik**, un phénomène psychologique qui décrit comment les tâches inachevées s'attardent dans votre esprit et **drainent votre énergie**. Même si vous travaillez sur autre chose, ces tâches inachevées génèrent un sentiment d'inconfort persistant, qui affecte votre capacité à vous concentrer pleinement sur ce qui compte vraiment.

La technique de fermeture mentale vous permet de lutter contre cet effet. En fermant intentionnellement chaque tâche, non seulement vous la marquez comme terminée sur votre liste, mais **vous libérez votre esprit de la pression subconsciente** des tâches inachevées. Cette pratique constante élimine l'épuisement mental causé par l'accumulation de tâches non terminées, ce qui vous permet de **conserver votre énergie mentale** pour des tâches plus importantes.

> *"Le plus grand ennemi de la concentration est la tâche incomplète qui ne cesse d'occuper l'esprit. - Bluma Zeigarnik*

En éliminant le fardeau de ces tâches incomplètes, votre esprit est libéré pour se concentrer sur l'étape suivante, et vous constatez que vous pouvez **fonctionner à un niveau d'énergie beaucoup plus élevé** et sans les interruptions internes qui dominaient auparavant vos pensées.

Créer un environnement de concentration intérieure : comment la PNL modifie l'"écologie mentale".

Un autre aspect rarement abordé dans les ouvrages sur la concentration et l'attention est l'importance de ce que nous pourrions appeler l'**écologie mentale** : l'état de votre esprit à chaque instant. La plupart des gens pensent à leur environnement extérieur - l'espace de travail, la lumière, le bruit - lorsqu'ils cherchent à optimiser leur concentration, mais oublient que l'**environnement intérieur**, c'est-à-dire votre dialogue mental, vos émotions et vos pensées, est tout aussi important, sinon plus.

La PNL offre des outils pour **nettoyer et optimiser votre écologie mentale**, vous permettant de créer un environnement interne qui **encourage la concentration au** lieu de la saboter. Grâce à des techniques telles que la **visualisation positive** et le **recadrage émotionnel**, vous pouvez programmer votre esprit pour qu'il fonctionne à partir d'un lieu de calme et de clarté, réduisant ainsi les distractions internes et vous permettant de vous concentrer pleinement sur la tâche à accomplir.

En travaillant sur votre écologie mentale, vous n'éliminez pas seulement les facteurs de distraction, mais **vous entraînez** également **votre cerveau** à fonctionner de manière optimale, indépendamment de ce qui se passe autour de vous. Cette technique vous permet non seulement de vous concentrer plus efficacement, mais aussi de **maintenir cette concentration** plus longtemps sans vous épuiser mentalement.

Comment utiliser la technique de la méta-focalisation pour résoudre des problèmes complexes ?

La **technique de méta-focalisation** est un outil clé de **la** PNL qui est rarement exploré dans d'autres textes sur la concentration. Elle consiste à **élargir votre perspective** pour voir le contexte complet d'un problème avant de plonger dans les détails. Souvent, le problème n'est pas que l'on manque de concentration, mais que l'on **se concentre sur la mauvaise chose**, en dépensant de l'énergie mentale sur des domaines qui ne sont pas prioritaires.

Avec la méta-focalisation, vous apprenez à prendre du recul et à **regarder la situation dans son ensemble** avant de vous concentrer sur les petites parties du problème. Cette technique vous permet de concentrer votre énergie sur les domaines qui feront vraiment la différence, plutôt que de vous disperser sur des tâches moins pertinentes qui ne font qu'épuiser vos capacités mentales.

Ce type d'approche stratégique augmente non seulement votre capacité à résoudre des problèmes complexes, mais optimise également **l'efficacité de votre travail mental**. En appliquant la méta-focalisation, vous vous apercevez que vous pouvez résoudre les problèmes plus rapidement et plus efficacement, car vous vous attaquez directement aux domaines clés sans perdre de temps avec des distractions mineures.

Renforcer la concentration grâce aux ancrages émotionnels : le secret pour rester concentré dans les moments critiques

Enfin, l'une des techniques les plus puissantes proposées par la PNL pour maintenir la concentration, en particulier dans les situations critiques, est l'utilisation d'**ancres émotionnelles**. Les ancres sont des associations que vous créez entre un stimulus externe (tel qu'un geste ou un mot) et un état émotionnel ou mental spécifique (tel que la concentration ou le calme). Lorsque vous êtes confronté à une tâche difficile ou à un moment de stress, vous pouvez activer ces ancres pour **accéder instantanément à l'état émotionnel souhaité**.

Imaginez que vous soyez au milieu d'une réunion importante ou dans les dernières étapes d'un projet compliqué. Au lieu de laisser le stress vous envahir, vous pouvez toucher discrètement votre bracelet ou effectuer un geste que vous aurez préalablement ancré, **et activer immédiatement un état de calme et de concentration totale**.

En maîtrisant les ancrages émotionnels, vous vous assurez non seulement **de rester concentré sous la pression**, mais vous vous entraînez également à réagir à toute situation à partir d'un état d'esprit de haute performance. C'est ce type de contrôle mental qui transforme complètement votre capacité à vous concentrer et à atteindre vos objectifs.

Ce chapitre vous dévoile des techniques avancées qui vous permettront non seulement d'améliorer votre capacité de concentration, mais aussi d'**optimiser votre énergie mentale** pour maintenir cette concentration sur le long terme. De la technique de la fermeture mentale, qui vous libère des tâches incomplètes, à la puissance des ancrages émotionnels qui vous permettent de rester concentré dans les moments critiques, vous disposez désormais d'un ensemble d'outils PNL qui vous donneront **un avantage certain dans tous les défis intellectuels** auxquels vous serez confronté.

Chapitre 8 : Techniques pour augmenter la productivité mentale avec un minimum d'effort

L'un des plus grands défis du monde moderne est de trouver des moyens d'être plus productif sans épuiser notre énergie mentale. Nous vivons à une époque où la demande de performance constante est omniprésente, mais comment **optimiser notre potentiel** sans tomber dans l'épuisement ou la stagnation intellectuelle ? La programmation neurolinguistique (PNL) offre des solutions brillantes et surprenantes qui vous permettent d'**augmenter votre productivité mentale** sans vous soumettre à de longues et épuisantes journées d'efforts.

Ce chapitre n'a pas pour but de gagner plus en travaillant plus longtemps. En fait, il s'agit de **travailler plus intelligemment, et non plus durement**. L'approche traditionnelle de la productivité est basée sur la force brute du temps et de l'énergie, mais la PNL nous enseigne quelque chose de bien plus puissant : vous pouvez entraîner votre esprit à être productif avec un minimum d'effort, en **puisant dans des ressources intérieures dont** vous ne soupçonniez peut-être pas l'existence.

Le principe d'efficacité mentale : faire plus avec moins d'énergie

L'une des principales plaintes des personnes qui tentent d'améliorer leur productivité est qu'**elles se sentent épuisées**. Ils essaient d'appliquer des techniques de productivité mais se retrouvent mentalement fatigués ou submergés par le nombre de tâches qu'ils doivent accomplir. Ce que beaucoup de gens ne réalisent pas, c'est que cet épuisement ne provient pas du nombre d'heures travaillées, mais de la **façon dont ils utilisent leur énergie mentale**.

La PNL vous apprend à utiliser efficacement votre esprit, à vous concentrer sur ce qui compte vraiment et à **mieux gérer vos ressources mentales**. L'une des techniques clés est le découpage, qui consiste à diviser les tâches importantes en morceaux plus petits et plus faciles à gérer. Ce faisant, vous permettez à votre cerveau de **traiter et d'absorber les informations** plus efficacement, ce qui vous permet d'éviter de vous sentir épuisé.

> *"Lorsque vous apprenez à gérer votre concentration, vous obtenez plus avec moins d'efforts. - Dr. Dominic*

Cette technique permet non seulement de réduire le sentiment d'être submergé, mais aussi d'**augmenter la capacité de concentration** et de la maintenir pendant de plus longues périodes sans être mentalement épuisé. Vous atteignez ainsi un nouveau niveau de productivité où, au lieu d'avoir l'impression de devoir travailler plus dur, vous constatez que **vous pouvez faire beaucoup plus avec moins d'énergie**.

La technique de réinitialisation mentale : comment renouveler votre énergie en quelques minutes

Un aspect fondamental de la productivité mentale est d'apprendre à **recharger son énergie** sans devoir s'arrêter complètement. Les pauses conventionnelles ne suffisent souvent pas à restaurer nos capacités mentales. Cependant, la PNL propose une technique innovante appelée **réinitialisation mentale**. Cette technique consiste en des

pauses mentales conscientes, où vous utilisez une combinaison de respiration contrôlée et de visualisation pour réactiver votre cerveau en quelques minutes.

Ce processus est simple mais extrêmement efficace. Pendant quelques minutes, vous fermez les yeux, vous vous concentrez sur votre respiration et vous **visualisez un état de calme et de clarté**. Ce faisant, votre cerveau se reconfigure, éliminant la fatigue mentale accumulée et vous ramenant à un état de vigilance et d'énergie renouvelée.

> *"Le repos n'est pas l'absence d'activité, mais le renouvellement de l'énergie mentale. - Arianna Huffington*

Grâce à cette technique, vous pouvez augmenter votre productivité tout au long de la journée sans ressentir l'épuisement qui accompagne souvent les longues journées de travail. Au lieu d'attendre d'être complètement épuisé, vous apprenez à **renouveler votre énergie tout au long de la journée**, ce qui vous permet d'atteindre un niveau de productivité plus élevé avec moins d'efforts.

Le pouvoir de la concentration limitée : comment éviter la surcharge mentale

L'une des plus grandes erreurs que l'on commet lorsqu'on essaie d'être plus productif est d'**essayer de faire trop de choses à la fois**. Le multitâche, qui peut sembler efficace, est en fait l'un des plus grands ennemis de la productivité. Lorsque vous essayez d'accomplir plusieurs tâches en même temps, **vous dispersez votre énergie mentale**, ce qui vous conduit à commettre des erreurs et à vous sentir plus épuisé à la fin de la journée.

La PNL vous enseigne le concept de **focalisation limite**, qui consiste à concentrer toute votre énergie mentale sur une seule tâche pendant un temps limité. Cela vous permet non seulement d'améliorer votre capacité à accomplir cette tâche, mais aussi de réduire la quantité d'énergie dont vous avez besoin pour le faire. Lorsque vous vous concentrez sur une seule chose, vous permettez à votre esprit de **fonctionner au maximum de ses capacités** sans être interrompu par des distractions.

> *"La véritable productivité ne consiste pas à faire plus de choses, mais à faire les bonnes choses au bon moment." - Cal Newport*

La concentration limite vous permet d'en faire plus en moins de temps, car vous **concentrez toute votre énergie mentale sur une seule tâche**, éliminant ainsi la fatigue liée au multitâche. Cette technique est particulièrement utile lorsque vous devez accomplir des tâches complexes ou exigeantes en termes de concentration, car elle optimise vos ressources mentales afin que vous puissiez **maintenir une performance soutenue**.

Comment la PNL transforme la prise de décision rapide et efficace

Un autre aspect qui affecte la productivité mentale est la **prise de décision**. Chaque fois que vous prenez une décision, vous utilisez une quantité considérable d'énergie mentale, et lorsque vous êtes confronté à de nombreuses petites décisions tout au long de la journée, cette énergie s'épuise rapidement. Ce phénomène, connu sous le nom de **fatigue décisionnelle**, est l'une des principales causes de la baisse de productivité.

La PNL s'attaque à ce problème en vous aidant **à automatiser le processus de prise de décision** grâce à l'utilisation de **schémas mentaux préétablis**. En entraînant votre esprit à reconnaître certains schémas et certaines réponses automatiques, vous pouvez réduire la quantité d'énergie mentale que vous dépensez pour les décisions de routine et réserver cette énergie aux décisions vraiment importantes.

Lorsque vous utilisez la PNL pour automatiser les décisions, vous constatez que vous pouvez **fonctionner avec une plus grande clarté mentale** et une **meilleure** productivité, parce que vous n'épuisez pas votre esprit avec de petits choix tout au long de la journée. Cette technique vous permet de **préserver votre énergie mentale** et de la diriger vers les domaines où vous avez vraiment besoin de concentration et d'attention.

Maintenir une productivité conforme au cycle de haute performance

Enfin, l'un des plus grands défis de l'augmentation de la productivité mentale est de maintenir une performance constante au fil du temps. De nombreuses personnes connaissent des moments de haute productivité suivis de périodes d'épuisement ou de manque de motivation. La PNL offre une solution à ce problème grâce au **cycle de haute performance**, qui vous apprend à synchroniser vos moments de concentration maximale avec des périodes de repos régénérateur.

Le cycle de haute performance consiste à travailler par blocs de temps courts mais intenses, suivis de courtes pauses qui permettent au cerveau **de récupérer** avant de continuer. Cette approche repose sur l'idée que le cerveau n'est pas conçu pour se concentrer pendant de longues heures sans interruption, et qu'en mettant en place des pauses stratégiques, vous pouvez **maintenir une productivité élevée et durable** sans vous épuiser.

> *"La performance optimale ne consiste pas à travailler plus longtemps, mais à travailler en synchronisation avec les cycles naturels de votre esprit." - Tony Schwartz*

En mettant en œuvre le cycle de haute performance, vous maximisez votre productivité mentale avec un minimum d'effort, car vous travaillez en harmonie avec les rythmes naturels de votre cerveau. Cela vous permet non seulement d'**en faire plus en moins de temps**, mais aussi **d'éviter l'épuisement mental** qui accompagne souvent les longues heures de travail.

Ce chapitre vous a fourni des outils exceptionnels pour **augmenter votre productivité mentale** sans vous épuiser ni vous surcharger. Grâce à des techniques telles que l'ajustement mental, la focalisation sur les limites et le cycle de haute performance, la PNL vous offre une approche innovante et efficace pour fonctionner au maximum de votre potentiel **avec le minimum d'effort nécessaire**.

Éviter l'épuisement mental : Techniques de PNL pour renouveler votre esprit sans perdre votre productivité

Une erreur commune à de nombreux ouvrages traitant de la productivité mentale est d'**ignorer l'épuisement cumulatif**. Ces textes ont tendance à se concentrer sur les techniques permettant d'accomplir plus de choses, mais prennent rarement en compte l'impact sur l'esprit d'une **utilisation constante de ses ressources** sans lui laisser le temps de récupérer correctement. C'est là que la PNL fait une différence cruciale : il ne s'agit pas seulement de rester actif, mais de savoir quand et comment donner à son esprit le repos dont il a besoin **sans sacrifier la productivité**.

Le problème est que nous confondons souvent repos physique et repos mental. Vous pouvez passer plusieurs heures sans travailler, mais si votre esprit continue à vagabonder sur des problèmes en suspens, cette pause ne vous sera d'aucune utilité. La PNL propose une série de techniques spécifiques qui permettent de **se libérer de l'épuisement accumulé** et de renouveler ses ressources mentales **de manière efficace et rapide**.

La technique du vide mental : comment libérer son esprit des charges accumulées

L'un des outils les plus puissants proposés par la PNL est la **technique du vide mental**, une stratégie qui permet de **débarrasser l'esprit** des pensées résiduelles qui prennent de la place et de l'énergie. Tout au long de la journée, notre esprit accumule de petites tensions : des idées inachevées, des soucis non résolus et des distractions mineures qui, bien qu'elles ne semblent pas importantes, accaparent de plus en plus de ressources cognitives.

Le nettoyage mental consiste à prendre quelques minutes pour **évacuer consciemment ces pensées**. Vous pouvez le faire en écrivant sur une feuille de papier tout ce qui vous préoccupe ou vous distrait, ou simplement en vous asseyant dans un endroit calme et en **visualisant ces pensées se dissoudre** une à une, jusqu'à ce que votre esprit soit complètement dégagé.

"Le vidage de l'esprit n'est pas seulement une technique de repos, mais une stratégie visant à libérer l'espace nécessaire pour les idées qui comptent vraiment. - Dr. Dominic

En pratiquant cette technique, vous **libérez de l'espace cognitif** pour des tâches importantes, vous évitez la surcharge mentale et vous permettez à votre esprit de fonctionner de manière plus fluide et plus efficace.

Comment la PNL transforme le stress en un élan productif

Le **stress accumulé** est un autre problème majeur qui affecte la productivité mentale. Bien que la plupart des livres sur la productivité reconnaissent ce problème, peu d'entre eux proposent une solution efficace. Ils tentent de traiter le stress comme quelque chose à éviter ou à éliminer, alors qu'en fait, la PNL enseigne que le stress peut devenir un **outil puissant pour augmenter la productivité**.

La clé est de **recadrer le stress** : au lieu de le voir comme un obstacle qui vous bloque, la PNL vous aide à le réinterpréter comme une **impulsion naturelle**. Le stress, bien géré, est un mécanisme qui prépare votre esprit à répondre aux défis, en augmentant votre capacité de concentration et d'attention. Avec la bonne technique, vous pouvez rediriger cette énergie vers une concentration plus profonde et plus efficace.

> *"Le stress n'est pas l'ennemi, c'est l'incompréhension de sa fonction qui vous empêche d'avancer. - Richard Bandler*

La technique de recadrage de la PNL vous permet de **modifier votre réponse émotionnelle au stress** en entraînant votre esprit de telle sorte qu'au lieu de paniquer ou de bloquer, il canalise cette énergie en une action efficace. Ainsi, ce qui vous paralysait devient une force qui vous propulse vers une **productivité maximale avec un minimum d'effort**.

Le mythe du multitâche : comment la PNL démonte la croyance selon laquelle faire plus signifie être plus productif

Le mythe du **multitâche**, ou l'idée qu'être productif signifie être multitâche, est une autre idée fausse que de nombreux livres perpétuent. Or, des études scientifiques ont montré que **le** multitâche **diminue les performances mentales**, car le cerveau ne peut pas se concentrer pleinement sur plusieurs tâches à la fois. Au lieu d'en faire plus, vous finissez par en faire moins et de moins bonne qualité.

La PNL vous apprend à **démonter cette fausse croyance** et à vous concentrer sur ce qui compte vraiment. Le **monotasking**, ou la capacité à se concentrer sur une seule tâche à la fois, est beaucoup plus efficace lorsqu'il s'agit d'**augmenter la productivité mentale**. La PNL vous fournit des outils pour identifier les tâches prioritaires et y consacrer toute votre énergie mentale, en éliminant les distractions et la fausse urgence du multitâche.

"La véritable productivité n'est pas le nombre de choses que l'on fait, mais la qualité de ce que l'on choisit de faire." - Cal Newport

Ce changement d'état d'esprit est crucial pour ceux qui cherchent à maximiser leurs performances sans s'épuiser. En éliminant le multitâche de votre routine, vous constaterez non seulement que vous obtenez de meilleurs résultats, mais aussi que vous éprouvez **un sentiment de clarté** et de satisfaction qui vous paraissait auparavant inaccessible.

Comment créer des "espaces de concentration" dans votre esprit pour optimiser votre productivité

De nombreux ouvrages sur la productivité mettent l'accent sur l'amélioration de l'espace physique pour faciliter la concentration, mais peu abordent le concept de **création d'espaces de concentration mentale**. La PNL introduit cette idée révolutionnaire, qui consiste à **entraîner votre esprit** à entrer dans différents "espaces" de productivité, en fonction de la tâche à laquelle vous êtes confronté.

Ces espaces de concentration sont des états d'esprit spécifiques que vous pouvez **activer à volonté** à l'aide d'ancres ou de visualisations. Par exemple, si vous devez accomplir une tâche créative, vous pouvez activer votre "espace créatif", un état d'esprit dans lequel vous supprimez les restrictions et laissez libre cours à votre imagination. De même, vous pouvez activer un "espace analytique" pour les tâches qui nécessitent une concentration logique et structurée.

> *"L'esprit est comme une maison avec de nombreuses pièces. Apprendre à se déplacer entre elles est la clé d'une productivité harmonieuse." - Mihaly Csikszentmihalyi*

En créant ces espaces mentaux, vous serez en mesure de **changer rapidement d'orientation** sans perdre de temps dans le processus de transition entre différents types de tâches. Ce système vous permettra d'être plus flexible et plus efficace, en vous adaptant aux exigences de chaque situation sans effort supplémentaire.

Recadrer la fatigue mentale : transformer la fatigue en une opportunité de croissance

Enfin, l'un des plus grands défis auxquels nous sommes tous confrontés est la **fatigue mentale**. Souvent, nous considérons la fatigue mentale comme un signe de faiblesse ou un obstacle à surmonter. Cependant, la PNL propose un point de vue complètement différent : la fatigue mentale n'est pas un ennemi, mais un **signe** que votre esprit est prêt à **changer d'orientation et à se développer**.

Lorsque vous ressentez de la fatigue mentale, c'est le moment idéal pour appliquer les techniques de réajustement et de vidange mentale décrites ci-dessus, mais aussi pour **recadrer votre relation avec la fatigue**. Au lieu de la considérer comme quelque chose de négatif, vous pouvez vous entraîner à la voir comme **une occasion d'intégrer de nouvelles idées**. Parfois, les meilleures idées et solutions émergent lorsque vous laissez votre esprit **se reposer et retrouver sa flexibilité**.

"La fatigue est le signe que l'on a atteint la limite d'une étape. La croissance commence juste après." - Tony Schwartz

Avec cet état d'esprit, vous serez non seulement en mesure de gérer plus efficacement votre productivité mentale, mais vous découvrirez également que la croissance intellectuelle se produit dans ces moments de transition, lorsque vous permettez à votre esprit de **se renouveler et d'évoluer**.

En approfondissant ces techniques avancées, ce chapitre vous a fourni des outils qui non seulement augmentent votre productivité mentale, mais vous permettent également de gérer vos ressources de manière beaucoup plus efficace. Grâce à la PNL, vous pouvez désormais **obtenir plus avec moins d'efforts**, en évitant l'épuisement professionnel et en considérant le stress et la fatigue comme des éléments clés d'une croissance et d'une performance durables.

L'importance du rythme mental : comment synchroniser la productivité et le repos pour une performance optimale

L'une des grandes lacunes des approches traditionnelles de la productivité mentale est qu'elles ne mettent pas l'accent sur le **rythme naturel de l'esprit**. La plupart des livres et des guides proposent des stratégies pour maximiser vos **performances**, mais se penchent rarement sur la manière de **synchroniser votre productivité avec les cycles naturels de repos** dont votre cerveau a besoin pour fonctionner au maximum de son potentiel.

La PNL introduit cependant une approche révolutionnaire : apprendre à travailler **avec** son esprit plutôt que de le forcer à s'adapter à des modèles qui ne tiennent pas compte de sa nature cyclique. Le cerveau n'est pas conçu pour être concentré à 100 % en permanence ; au contraire, il connaît des **pics et des creux** où sa capacité de performance augmente et diminue naturellement.

Apprendre à reconnaître ces cycles est essentiel pour **maintenir une productivité élevée sans épuiser son énergie mentale**. La technique connue sous le nom de **"cycle ultradien"**, qui respecte les rythmes naturels de l'esprit, vous apprend à travailler par blocs de temps où votre concentration est à son maximum, suivis de courtes périodes de repos qui permettent à votre cerveau de récupérer.

> *"Le cerveau fonctionne de manière cyclique. Le forcer à fonctionner en dehors de ce cycle ne fait qu'engendrer l'épuisement et la perte de performance". - Dr. Dominic*

Cette technique vous permet d'éviter l'épuisement mental, tout en maintenant un flux constant de productivité élevée. Apprendre à **synchroniser ses tâches** avec ces cycles permet non seulement d'améliorer la qualité de son travail, mais aussi d'**accroître son efficacité**.

Comment la PNL optimise la gestion de l'énergie mentale et émotionnelle

La **gestion de l'énergie émotionnelle** est un autre aspect souvent négligé dans les ouvrages sur la productivité. La plupart des approches se concentrent exclusivement sur l'aspect intellectuel ou mental de la performance, mais qu'en est-il de vos émotions ? Quelle que soit la qualité de la structuration de vos tâches, si vous manquez d'énergie émotionnelle, votre productivité en pâtira.

La PNL offre une solution profonde à ce défi en vous apprenant à **gérer vos états émotionnels de** manière à maintenir un niveau de performance élevé. L'une des techniques clés est l'**ancrage émotionnel**, qui consiste à associer certains stimuli (tels que des gestes ou des mots) à des **émotions positives** qui vous poussent à être performant.

Imaginez qu'à chaque fois que vous êtes confronté à une tâche difficile, vous puissiez activer une ancre émotionnelle qui vous connecte instantanément à un état de confiance, de motivation et de concentration. Cela vous permet non seulement **de rester calme sous la pression**, mais aussi de transformer les moments d'épuisement émotionnel en **occasions de recharger votre énergie émotionnelle**.

> *"La véritable productivité exige non seulement une clarté mentale, mais aussi une gestion consciente de l'énergie émotionnelle." - Tony Robbins*

Cette approche PNL vous permet de garder votre énergie émotionnelle alignée sur vos objectifs, évitant ainsi le sentiment d'épuisement émotionnel qui paralyse si souvent l'avancement de projets importants. En intégrant l'énergie mentale et l'énergie émotionnelle, vous atteignez un équilibre qui vous permet de fonctionner **au maximum de votre efficacité** sans sacrifier votre bien-être.

La technique de visualisation inversée : comment préparer son esprit à la réussite avec moins d'efforts

La visualisation a été largement utilisée dans de nombreuses disciplines comme outil d'amélioration des performances, mais peu de gens sont conscients de la puissance de la **visualisation inversée**. Alors que la visualisation traditionnelle consiste à imaginer le résultat final de vos efforts, la visualisation inversée - une technique clé de la PNL - **vous amène à visualiser les étapes** que vous devez franchir à l'envers, en partant du résultat final pour revenir au point de départ.

Cette technique est puissante car elle **reprogramme votre esprit pour qu'il se concentre sur le processus**, et pas seulement sur le résultat. En visualisant à l'envers, votre cerveau commence à créer des connexions et des solutions plus efficaces pour relever les défis auxquels vous pouvez être confronté, et il élimine également l'anxiété qui accompagne souvent les tâches difficiles.

> *"Le succès n'est pas dans la destination, mais dans le voyage. La visualisation à rebours vous donne la clarté nécessaire pour aller de l'avant sans effort." - Mihaly Csikszentmihalyi*

La visualisation inversée vous permet d'**optimiser vos décisions** au cours du processus, car vous voyez clairement les étapes qui comptent vraiment. Cela vous permet d'économiser de l'énergie mentale en **éliminant l'incertitude** et de maintenir une concentration soutenue sans la pression de devoir "forcer" le résultat.

La différence entre le mouvement et le progrès : comment la PNL rompt le cycle de l'activité inefficace

De nombreux textes actuels sur la productivité vous font croire qu'**être occupé équivaut à être productif**, mais rien n'est plus faux. L'erreur consistant à confondre mouvement et progrès est l'un des plus grands obstacles à une productivité mentale efficace.

La PNL vous aide à **identifier les activités clés** qui génèrent réellement de la valeur, en éliminant les tâches inutiles qui ne font que consommer votre énergie sans vous apporter de résultats significatifs. Grâce à des techniques telles que la **hiérarchisation des tâches** et l'**analyse d'impact**, vous apprenez à **concentrer vos efforts** sur les domaines qui offrent le meilleur retour sur investissement en termes de temps et d'énergie mentale.

> *"Être occupé n'est pas synonyme de progrès. La véritable productivité se mesure à l'impact, et non à la quantité d'activité." - Peter Drucker*

Cette approche permet de **raccourcir le cycle de travail** en éliminant le temps perdu sur des tâches qui ne génèrent pas de réels progrès. Apprendre à faire la distinction entre mouvement et progrès permet non seulement de gagner du temps, mais aussi de se protéger d'une fatigue mentale inutile.

Le rôle de l'environnement dans la productivité mentale : comment créer un espace propice à la concentration et à l'efficacité

Enfin, de nombreux ouvrages sur la productivité négligent l'**impact de l'environnement physique et psychologique** sur la productivité mentale. Votre environnement a un effet direct sur votre capacité à vous concentrer et à donner le meilleur de vous-même. La PNL comprend que vous devez non seulement optimiser votre esprit, mais aussi l'espace dans lequel vous travaillez afin qu'il soutienne vos objectifs.

La création d'un **environnement propice à la concentration** va de l'organisation de votre espace physique (comme la disposition de votre bureau) à la création de rituels mentaux qui préparent votre cerveau à entrer dans un état de forte concentration. La PNL vous apprend à **ancrer votre environnement** avec des stimuli qui encouragent la concentration, comme certaines couleurs, odeurs ou sons que vous associez à des états d'esprit productifs.

> *"L'environnement est le silence de fond qui peut soit améliorer, soit saboter vos performances mentales". - Dr. Dominic*

En créant un environnement propice à votre productivité mentale, vous maximisez non seulement votre capacité à travailler, mais vous réduisez également les distractions internes et externes. Cela vous permet non seulement d'améliorer votre efficacité quotidienne, mais aussi de maintenir un **niveau de performance constant** au fil du temps.

Ce chapitre a révélé de **nouvelles stratégies pour optimiser votre productivité mentale** sans tomber dans les pièges communs que d'autres livres perpétuent. De la synchronisation avec les cycles naturels du cerveau à la gestion de votre énergie émotionnelle et de votre environnement, la PNL vous offre des outils uniques pour atteindre votre plein potentiel sans effort inutile. Vous disposez désormais des connaissances nécessaires pour **faire plus avec moins d'énergie**, en maintenant des performances constantes et durables dans toutes les tâches que vous entreprenez.

Chapitre 9 : Appliquer la **PNL** au travail intellectuel et créatif

Les domaines intellectuels et créatifs présentent des défis uniques. Les professionnels de ces domaines sont souvent pris entre deux forces opposées : le besoin de produire des idées originales et de grande valeur, et la pression constante d'être efficace et productif. C'est là que la PNL peut faire une différence décisive, en vous fournissant des outils pour **optimiser votre travail créatif** sans sacrifier vos performances intellectuelles.

Contrairement à d'autres approches qui considèrent la créativité comme un processus incontrôlable et spontané, la PNL vous permet de **prendre le contrôle conscient du processus créatif**. Il ne s'agit pas seulement d'attendre que les idées viennent, mais de **générer un environnement mental optimal** pour que les idées émergent naturellement et constamment.

La Programmation Neuro Linguistique comprend que l'esprit créatif fonctionne dans un équilibre délicat entre **structure et liberté**. L'utilisation de techniques PNL spécifiques peut vous aider à maintenir cet équilibre, en générant un flux continu d'idées tout en conservant un haut niveau de clarté intellectuelle.

Comment utiliser l'état de réceptivité pour accroître la créativité

L'un des aspects les plus négligés du travail créatif est l'**état de réceptivité**. La plupart des livres vous diront que pour être plus créatif, vous devez vous exposer à de nouveaux stimuli, rechercher l'inspiration extérieure, et bien que cela puisse être utile, la véritable clé réside dans la **façon dont vous entraînez votre esprit à recevoir ces idées de** manière efficace.

La PNL introduit la technique de l'**état réceptif** pour faciliter ce processus. Il s'agit d'entraîner votre esprit de manière à ce que, lorsque vous êtes confronté à un problème ou que vous devez générer des idées, vous vous mettiez dans un état d'esprit détendu mais alerte, où les connexions et les idées circulent plus facilement.

Cet état n'est pas le fruit du hasard, mais peut être **activé délibérément** à l'aide de techniques d'ancrage et de relaxation profonde. En pratiquant cette technique, vous constaterez que votre esprit devient plus agile pour détecter de nouvelles idées, de nouveaux concepts ou de nouvelles solutions qui semblaient vous échapper auparavant.

> *"Le véritable processus créatif ne consiste pas à forcer les idées, mais à ouvrir son esprit pour les recevoir." - Mihaly Csikszentmihalyi*

En perfectionnant cet état, vous constaterez que vous pouvez générer des idées plus rapidement, avec moins d'efforts et, surtout, que ces idées sont plus valables et plus applicables.

La technique de la pensée latérale pour résoudre les problèmes intellectuels complexes

Le travail intellectuel implique souvent la résolution de problèmes complexes, et c'est là que de nombreuses personnes se sentent bloquées. D'autres ouvrages peuvent suggérer des techniques de pensée critique ou des méthodes analytiques conventionnelles, mais la PNL offre quelque chose de plus puissant : **la technique de la pensée latérale**.

Cette technique est basée sur la restructuration de la façon dont vous abordez les problèmes. Au lieu de les aborder de manière linéaire, comme vous le feriez avec un problème logique, la pensée latérale vous amène à **explorer des voies inattendues et des connexions qui sortent de l'ordinaire**. La PNL vous apprend à remettre en question vos propres hypothèses, à changer vos cadres de référence habituels et à **permettre à de nouvelles solutions d'émerger** naturellement.

> *"Les problèmes ne sont pas résolus à partir du même niveau de pensée que celui qui les a créés. - Albert Einstein*

La PNL active cette capacité en vous permettant de **recadrer** chaque problème sous différents angles. Cela augmente non seulement votre capacité à résoudre les problèmes plus rapidement, mais aussi la **qualité des solutions** que vous générez, les rendant plus créatives, plus originales et plus efficaces.

Comment stimuler vos performances intellectuelles grâce à des stratégies d'autorégulation émotionnelle

La **gestion des émotions** est un aspect crucial que les autres textes sur la productivité intellectuelle négligent souvent. Les émotions affectent non seulement votre performance créative, mais aussi votre capacité à prendre des décisions complexes, à planifier et à résoudre des problèmes de manière efficace.

La PNL comprend de puissantes techniques d'**autorégulation émotionnelle**, qui vous aident à gérer la frustration, l'anxiété ou le manque de motivation qui peuvent survenir dans le travail intellectuel et créatif. Une technique clé est le **recadrage émotionnel**, qui vous apprend à transformer les émotions négatives en **états émotionnels productifs**.

Par exemple, au lieu de voir la frustration comme un obstacle, la PNL vous apprend à la recadrer comme un signal que vous êtes sur le point de découvrir quelque chose de nouveau, ce qui vous permet de maintenir votre motivation et votre concentration dans les moments les plus difficiles. Ce recadrage émotionnel vous aide non seulement **à surmonter les blocages** créatifs, mais vous permet également **de maintenir un état d'esprit positif et proactif** pendant les longues sessions de travail intellectuel.

> *"Votre esprit créatif n'est pas seulement logique, il est aussi profondément lié à vos émotions. La gestion des deux est la clé d'une véritable performance intellectuelle." - Tony Robbins*

Comment créer un environnement mental de créativité contrôlée ?

Le plus grand défi du travail dans les domaines créatifs est la **gestion du chaos**. La créativité est par nature chaotique : elle implique de nouvelles connexions, des idées désordonnées et un flux constant de pensées divergentes. Cependant, pour que la créativité soit utile dans le contexte intellectuel, il doit **y avoir un certain contrôle**. C'est là que la PNL offre une approche unique.

La PNL introduit la technique de la **créativité contrôlée**, qui consiste à utiliser des outils mentaux pour générer des idées dans un environnement suffisamment structuré pour que ces idées soient utiles, mais sans limiter le flux créatif. Cet équilibre est atteint en alternant des **états d'esprit divergents et convergents**.

Tout d'abord, vous laissez les idées circuler librement, sans critique ni restriction. Une fois qu'elles ont été générées, vous passez à un état plus structuré et critique, où vous évaluez, organisez et sélectionnez les meilleures idées. Cette approche structurée et flexible maximise votre production créative sans sacrifier la qualité intellectuelle de votre travail.

"La créativité est comme une tempête : elle peut être chaotique et destructrice ou être dirigée pour produire de l'énergie et des résultats. - Dr. Dominic

Stratégies PNL pour maintenir la clarté mentale dans les projets à long terme

Dans le travail intellectuel et créatif, la clarté mentale est essentielle, surtout lorsqu'il s'agit de projets à long terme. L'un des problèmes les plus fréquents auxquels sont confrontés les professionnels de ces domaines est **l'épuisement mental** qui accompagne la gestion de projets complexes qui s'étalent dans le temps.

La PNL offre des outils pour maintenir la clarté mentale même dans les moments les plus difficiles. L'une des techniques clés est **l'approche séquentielle**, qui vous permet de diviser les grands projets en **tâches gérables avec des objectifs clairs**, afin que votre esprit ne se sente pas submergé.

En outre, en utilisant des **ancres mentales**, vous pouvez entraîner votre cerveau à retrouver la clarté chaque fois que vous vous sentez bloqué ou confus. Cette technique est inestimable pour maintenir votre concentration et votre créativité intactes pendant de longues périodes de travail.

Ce chapitre a présenté des stratégies et des techniques avancées pour appliquer la PNL au travail intellectuel et créatif, vous permettant de **maximiser votre potentiel** à la fois dans la génération d'idées et dans la résolution de problèmes complexes. Grâce à ces outils, vous serez en mesure de maintenir un haut niveau de performance intellectuelle sans sacrifier votre capacité créative, atteignant ainsi un équilibre qui vous permettra d'atteindre un nouveau niveau de réussite dans vos projets.

Stratégies pour surmonter les blocages créatifs : comment la PNL facilite le flux constant d'idées

L'un des problèmes les plus frustrants pour ceux qui travaillent dans le domaine intellectuel et créatif est de faire face à des **blocages mentaux**. Ce sentiment que, quels que soient les efforts déployés, les idées n'affluent pas, les problèmes semblent insurmontables et la créativité semble s'être tarie. Ce phénomène est courant, mais peu d'ouvrages proposent des solutions pratiques et efficaces pour véritablement faire tomber ces murs mentaux.

Souvent, d'autres textes sur la créativité vous diront de vous reposer, de vous distraire ou même d'abandonner temporairement le projet. Bien que ces conseils puissent apporter un soulagement temporaire, ils **ne s'attaquent pas à la racine du blocage**. La PNL, en revanche, propose des techniques précises pour dénouer les blocages créatifs de **manière rapide et efficace**, en permettant à votre esprit de revenir à l'**état de flux**.

La technique du **recadrage cognitif**, un outil central de la PNL, vous aide à recadrer le problème auquel vous êtes confronté. Au lieu de percevoir le blocage comme un obstacle, vous le recadrez comme une opportunité d'**explorer de nouvelles perspectives**. Vous changez ainsi instantanément d'objectif et vous ouvrez de nouvelles voies que vous n'aviez pas envisagées auparavant.

"La créativité s'épanouit lorsque vous changez l'angle sous lequel vous regardez le problème." - Edward de Bono

En appliquant cette technique, non seulement vous éliminez le blocage, mais vous entrez dans un état où les idées commencent à circuler de manière fluide et régulière. Soudain, le défi qui semblait impénétrable devient **un champ fertile pour de nouvelles idées**, et le stress lié au blocage disparaît, laissant place au processus créatif.

L'importance des micro-cycles créatifs : comment la PNL aide à maintenir un rythme créatif à long terme

L'un des grands défis du travail intellectuel et créatif est de **tenir le coup** sur le long terme. Au lieu d'avoir des moments isolés de grande créativité suivis de périodes d'épuisement, la PNL vous permet de **créer des micro-cycles créatifs** qui vous maintiennent dans un flux constant et soutenu.

La clé est d'apprendre à **alterner entre des moments de créativité intense** et de courtes périodes de détente mentale. Les livres sur la productivité insistent souvent sur la nécessité de travailler de longues heures sans interruption, mais les recherches montrent que l'esprit est plus efficace lorsqu'il alterne entre **une concentration profonde et de courtes pauses**. La PNL vous offre des outils pour appliquer cette technique de manière optimale.

En utilisant des techniques d'**ancrage** et de **visualisation**, vous pouvez programmer votre esprit pour qu'il entre dans un état de forte concentration pendant de courtes périodes, puis le laisser se reposer rapidement et efficacement. Ces **micro-cycles** vous permettent de maintenir une productivité créative élevée sans ressentir l'épuisement mental qui accompagne souvent les longues heures de travail.

"Le cerveau fonctionne mieux dans de courtes périodes d'activité intense, suivies de pauses courtes mais stratégiques. - Dr. Dominic

Non seulement cela vous aidera à rester plus concentré, mais cela **améliorera** également **la qualité de votre travail**. Chaque fois que vous reprenez une tâche après une courte pause, vous le faites avec **un esprit renouvelé et plus alerte**, ce qui vous permet de voir des détails ou des solutions qui vous avaient échappé auparavant.

Utiliser les états d'énergie créative élevée pour débloquer de nouvelles idées

De nombreuses personnes s'efforcent de maintenir en permanence un niveau élevé de créativité, mais cette approche est souvent contre-productive. La PNL introduit l'idée qu'il **existe des pics d'énergie créative** que vous pouvez consciemment exploiter. Il n'est pas nécessaire d'être en permanence dans un état de créativité maximale, mais vous devez apprendre à identifier et à exploiter les moments clés où votre énergie créative est à son maximum.

Les techniques d'**ancrage émotionnel** permettent d'activer délibérément ces pics d'énergie créative. La technique consiste à créer des associations mentales entre un état émotionnel positif (comme l'enthousiasme ou l'inspiration) et un geste physique ou un mot spécifique. Ainsi, chaque fois que vous avez besoin d'un coup de pouce créatif, vous pouvez vous appuyer sur cet ancrage pour **activer instantanément un état d'esprit productif**.

"Le bon état d'énergie émotionnelle peut transformer une idée médiocre en une idée brillante. - Anthony Robbins

Cet outil vous permet non seulement de débloquer de nouvelles idées, mais aussi de **rester** plus longtemps **dans un flux créatif**. En activant votre énergie créative au bon moment, vous pouvez accomplir beaucoup plus de choses en moins de temps, en évitant la fatigue qui résulte d'une tentative constante de forcer la créativité.

Comment éliminer les distractions mentales pour maximiser la concentration créative

L'un des plus grands ennemis de la créativité et des performances intellectuelles est la **distraction mentale**. Souvent, notre plus grand obstacle n'est pas un manque d'idées, mais la quantité de stimuli et de pensées qui nous bombardent tout au long de la journée. Apprendre à **gérer et à minimiser ces distractions** est essentiel pour libérer votre véritable potentiel créatif.

La PNL vous apprend à utiliser la technique de **vidage de l'esprit**, une pratique destinée à **débarrasser votre esprit** des pensées non pertinentes ou des inquiétudes qui rivalisent avec votre attention. Vous pouvez appliquer cette technique au début d'une séance de travail créatif ou à chaque fois que vous sentez que vous perdez votre concentration.

"L'élimination du bruit mental est la première étape pour libérer le véritable pouvoir de votre esprit créatif." - Mihaly Csikszentmihalyi

Ce processus améliore non seulement votre concentration, mais vous permet également d'accéder à des **niveaux plus profonds de créativité**. En débarrassant votre esprit des distractions, vous ouvrez l'espace nécessaire pour que les idées jaillissent de manière plus naturelle et plus efficace. Avec un esprit clair, vous pouvez vous immerger dans le processus créatif avec une **concentration ininterrompue** et une clarté mentale qui permet à vos idées de passer au niveau supérieur.

Reconfigurer votre identité créative : comment la PNL peut changer votre perception de vous-même en tant que créateur

Un aspect critique souvent négligé dans d'autres ouvrages est l'importance de la **façon dont vous vous percevez en tant que créateur**. L'identité que vous avez par rapport à votre capacité créative joue un rôle crucial dans vos performances intellectuelles. Si vous vous percevez comme quelqu'un qui **a du mal à trouver des idées** ou qui a des limites créatives, ces croyances deviennent **une prophétie qui se réalise d'elle-même**.

La PNL vous offre un moyen de **recadrer votre identité créative**, en changeant les croyances limitantes en affirmations positives et plus puissantes. La technique de **recadrage de l'identité** vous permet de transformer votre perception de vous-même, en vous aidant à adopter l'identité d'une personne naturellement créative, capable de générer des idées brillantes et de résoudre des problèmes complexes avec facilité.

> *"La façon dont vous vous percevez détermine l'étendue de vos possibilités créatives. - Richard Bandler*

Ce changement n'améliore pas seulement vos performances créatives, il vous donne aussi une nouvelle confiance dans votre capacité à relever des défis intellectuels. En changeant la façon dont vous vous percevez, vous ouvrez de nouvelles portes à des niveaux de créativité et d'ingéniosité qui vous semblaient auparavant hors de portée.

Dans cette section, nous avons examiné comment la PNL peut libérer votre potentiel créatif et maximiser votre production intellectuelle. Qu'il s'agisse de surmonter des blocages, d'exploiter des pics d'énergie créative ou de reconfigurer votre identité en tant que créateur, vous disposez désormais d'outils qui vous permettent de **fonctionner à votre plus haut niveau sans les limites** imposées par d'autres approches traditionnelles. Grâce à ces techniques avancées, vous serez mieux préparé à **relever tous les défis créatifs ou intellectuels** qui se présenteront à vous.

Comment utiliser la PNL pour favoriser les collaborations créatives et libérer le potentiel collectif ?

L'un des domaines les moins explorés dans les ouvrages sur la créativité et l'intellect est la **dynamique du travail en collaboration**. La plupart des textes se concentrent sur le développement personnel, sur la façon d'améliorer sa propre créativité, mais abordent rarement le fait que **la plupart des idées les plus innovantes émergent de collaborations efficaces**. C'est là que la PNL peut offrir une **approche puissante que les autres livres ignorent** : comment optimiser le flux créatif **dans les environnements collaboratifs**.

Le véritable défi du travail avec les autres est la friction qui survient lorsque les idées s'opposent, que les personnalités s'affrontent ou que les egos interfèrent avec le processus créatif. La PNL ne vous apprend pas seulement à gérer ces conflits, mais aussi à **les transformer en opportunités** pour que les idées se rejoignent et s'élèvent à un niveau supérieur. Grâce à l'utilisation de techniques d'**ancrage collectif** et de **calibrage émotionnel**, vous pouvez créer un environnement où les idées circulent sans résistance, ce qui permet à l'équipe de travailler comme une unité cohérente et productive.

> *"Les meilleures idées n'émergent pas dans la solitude, mais dans l'espace fertile où plusieurs esprits se rencontrent". - Dr.*

Imaginez une équipe où chaque personne peut **synchroniser son état d'esprit** avec les autres, créant ainsi une sorte de synergie qui permet à la créativité collective de dépasser les attentes individuelles. La PNL vous fournit des outils pour faciliter ce type de collaboration efficace, où **les différences deviennent un carburant pour l'innovation**, plutôt que des obstacles.

Surmonter les conflits créatifs grâce aux techniques de recadrage

L'un des principaux obstacles auxquels se heurtent les équipes créatives est l'émergence de **conflits d'idées**. Au lieu de les considérer comme des obstacles, la PNL vous apprend à **recadrer ces conflits** comme des points de départ pour de nouvelles orientations créatives. Cette technique permet aux équipes de s'éloigner de la position "moi contre toi" pour adopter une **vision collaborative** où chaque perspective conflictuelle est traitée comme une pièce précieuse du puzzle.

> *"Les conflits sont des passerelles vers des solutions plus avancées, à condition de savoir les gérer correctement." - Edward de Bono*

Le recadrage permet non seulement de résoudre les conflits, mais aussi d'**établir de nouveaux liens entre des idées** qui semblaient auparavant incompatibles. Cette approche transforme le conflit créatif en un catalyseur de l'**innovation de groupe**, éliminant ainsi la stagnation qui survient souvent dans les équipes où les idées ne s'alignent pas.

Le pouvoir de l'état de co-création : comment entrer en synchronisation créative avec les autres

Un autre outil exceptionnel de la PNL, rarement mentionné dans d'autres ouvrages, est le concept de l'**état de co-création**. Cet état fait référence à la capacité des individus **à aligner leurs pensées et leurs émotions** à un niveau profond, générant un environnement où les idées circulent non seulement individuellement, mais aussi **ensemble**.

Pour atteindre cet état, il faut combiner des techniques de **calibrage émotionnel** et d'**ancrage collectif**. En apprenant à calibrer vos émotions et celles de vos collaborateurs, vous pouvez ajuster l'état émotionnel du groupe, créant ainsi un espace de travail où chacun se sent **aligné sur le même objectif**. Cela permet non seulement de faciliter la communication, mais aussi de maximiser la **créativité du groupe**, en renforçant mutuellement les idées.

> *"L'état de co-création est le véritable point de départ de la magie créative. Il ne s'agit pas d'un processus individuel, mais d'une synchronisation collective." - Mihaly Csikszentmihalyi*

Cette approche est révolutionnaire car elle supprime les barrières de la concurrence interne au sein de l'équipe, permettant à **tous les esprits de travailler ensemble**, non seulement pour résoudre les problèmes, mais aussi pour générer des idées nouvelles et passionnantes.

Éliminer les biais cognitifs qui sabotent les collaborations créatives

Un problème courant dans le travail d'équipe est que chaque personne apporte avec elle des **préjugés cognitifs** qui influencent la façon dont elle perçoit les idées des autres. Ces préjugés peuvent bloquer le processus créatif en limitant les possibilités d'épanouissement de nouvelles idées. L'une des plus grandes erreurs des autres livres est de ne pas aborder l'importance de l'**élimination de ces préjugés** dans un environnement créatif collaboratif.

La PNL propose des techniques spécifiques pour **détecter et surmonter les préjugés** qui peuvent interférer avec le processus créatif. En apprenant à identifier vos propres préjugés et ceux des autres, vous pouvez entraîner votre esprit à **rester ouvert aux nouvelles idées**, sans les préjuger ni bloquer leur potentiel.

> *"Les biais cognitifs sont des filtres qui limitent le spectre complet des idées que nous pouvons envisager. L'élimination de ces filtres est la clé d'une créativité maximale." - Daniel Kahneman*

La clé est d'apprendre à **reconnaître quand un préjugé fait obstacle**, puis d'utiliser la technique du recadrage pour lever ce blocage mental. Ce faisant, vous ouvrez la porte à une créativité véritablement libre, où les idées peuvent être évaluées objectivement et en collaboration.

Soutenir la créativité collective dans les projets à long terme

Un défi important, rarement abordé de manière adéquate dans d'autres textes, est de **savoir comment maintenir la créativité dans des projets à long terme**. Au fil du temps, il est fréquent que les équipes perdent leur élan initial et que les idées deviennent de moins en moins innovantes. La PNL vous fournit des outils spécifiques pour **maintenir le niveau de créativité à un niveau élevé**, même lorsque les projets s'étendent sur des semaines ou des mois.

L'utilisation de **points d'ancrage périodiques** est une technique cruciale pour y parvenir. Ces ancres permettent à l'équipe de revenir sans cesse à l'état créatif initial, ce qui garantit que même lorsque les idées commencent à s'essouffler, l'équipe peut facilement **retrouver le flux créatif initial**. Les ancres ne fonctionnent pas seulement au niveau individuel, mais peuvent être programmées collectivement, ce qui permet à toute l'équipe d'entrer dans le même état créatif aux moments cruciaux du projet.

"La véritable maîtrise créative ne se mesure pas aux premiers jours d'inspiration, mais à la capacité de maintenir l'étincelle tout au long du processus."
- Richard Bandler

Cette approche garantit que les projets à long terme ne perdent pas leur fraîcheur créative, que l'équipe reste motivée et qu'elle génère des idées novatrices tout au long du processus. **Vous n'aurez plus jamais à craindre que la créativité se tarisse avant l'achèvement d'un grand projet.**

Dans cette section, nous avons vu comment la PNL peut transformer le travail d'équipe intellectuel et créatif, en surmontant les blocages, les préjugés et les conflits pour créer un environnement où la collaboration est non seulement possible, mais aussi **profondément productive et enrichissante**. Ces approches permettent non seulement d'améliorer la qualité des idées générées, mais aussi de garantir que les équipes **maintiennent un flux créatif constant**, quels que soient les défis ou la durée du projet.

Chapitre 10 : Stratégies pour maintenir la clarté et la créativité à long terme

L'un des plus grands défis auxquels sont confrontées les personnes travaillant dans des domaines créatifs ou intellectuels est de **maintenir un niveau de performance élevé au fil du temps**. Tout le monde peut avoir des moments de clarté ou des éclairs de créativité, mais comment maintenir cet état d'esprit pendant des jours, des semaines, voire des années ? Ce chapitre aborde la question d'un point de vue différent de celui des autres livres sur la productivité : il ne s'agit pas seulement de techniques isolées, mais de **stratégies holistiques et durables** basées sur la PNL.

Le problème auquel de nombreux lecteurs sont confrontés à ce stade est que les stratégies de productivité et de créativité qu'ils ont essayées auparavant **ne sont pas viables à long terme**. Pourquoi ? Parce que la plupart des méthodes ne tiennent pas compte du fait que l'esprit humain n'est pas une machine. Il a besoin de **rythme, de repos, de renouvellement et de diversité**. C'est là que la PNL offre un avantage unique, en vous fournissant des outils qui vous permettent de **maintenir votre énergie mentale et émotionnelle** alignée sur vos objectifs créatifs et intellectuels au fil du temps.

Éviter l'épuisement mental et rester lucide

L'un des principaux obstacles au maintien de la clarté mentale sur de longues périodes est l'**épuisement mental**. De nombreux professionnels intellectuels tombent dans le piège de forcer leur esprit à travailler continuellement sans tenir compte de l'importance du repos et du renouvellement. La PNL offre cependant des techniques qui permettent d'équilibrer l'effort intellectuel et la récupération.

L'une des clés pour éviter l'épuisement professionnel est la technique des **micro-pauses conscientes**. Au lieu de travailler sans relâche pendant des heures, la PNL vous apprend à faire de **courtes pauses stratégiques** qui permettent à votre cerveau de récupérer et de revenir à son état de fonctionnement optimal. Ces pauses ne sont pas seulement physiques, mais aussi mentales. Vous pouvez y pratiquer une **visualisation relaxante** ou utiliser des ancrages émotionnels pour restaurer votre énergie.

> *"L'épuisement mental n'est pas le résultat d'un travail trop dur, mais d'un travail sans repos adéquat." - Dr.*

Les micro-pauses, lorsqu'elles sont appliquées correctement, vous permettent de conserver une **grande clarté mentale**, même dans le cadre de projets à long terme. En apprenant à synchroniser votre esprit avec ces cycles d'activité et de repos, vous améliorerez non seulement vos performances, mais vous prolongerez également votre capacité à générer des idées de qualité sans vous épuiser.

Comment maintenir un flux constant de créativité ?

La créativité n'est pas une source inépuisable que l'on peut exploiter à l'infini. Cependant, en utilisant des techniques avancées de PNL, il est possible de **maintenir un flux constant de créativité**, en s'assurant que non seulement vous produisez des idées de haute qualité, mais que vous le **faites de manière cohérente.**

L'une des erreurs les plus courantes que commettent les autres textes est de suggérer que la créativité doit couler à flots en permanence. En réalité, comme tout processus naturel, la créativité connaît des hauts et des bas. La PNL vous apprend à **exploiter les pics** de créativité tout en minimisant les creux. Pour ce faire, les **états créatifs sont ancrés** à des moments précis de la journée ou dans des situations particulières qui favorisent le flux créatif.

Par exemple, vous pouvez utiliser la technique de l'**ancrage spatial** pour associer certains environnements à des états de grande créativité. En entraînant votre cerveau à associer un lieu spécifique à la génération d'idées, chaque fois que vous vous trouverez dans cet environnement, votre esprit entrera automatiquement dans un état plus productif et plus créatif.

> *"La créativité n'est pas un état permanent, mais elle peut être consciemment invoquée si vous connaissez les bons outils." - Tony Buzan*

Cette approche garantit que, malgré les fluctuations naturelles de l'énergie mentale, vous pouvez maintenir un flux constant de créativité. De plus, avec la pratique, ces outils deviennent plus puissants, vous permettant d'accéder à votre état créatif presque **à volonté**.

Stratégies de visualisation pour la planification à long terme

De nombreux ouvrages sur la productivité se concentrent exclusivement sur le **court terme**, négligeant les stratégies nécessaires à la réussite des projets à long terme. C'est là que la PNL offre une perspective précieuse avec la technique de la **visualisation à long terme**.

Plutôt que de simplement visualiser le succès final d'un projet, la PNL vous apprend à **décomposer le processus** en étapes gérables, en veillant à ce que chaque étape soit alignée sur vos objectifs à long terme. Cette visualisation permet non seulement de **maintenir la motivation** au fil du temps, mais aussi de permettre à votre cerveau d'identifier les **points critiques** où vous pourriez avoir besoin d'ajuster votre concentration ou votre énergie.

"La clé du succès à long terme ne réside pas dans la visualisation de la destination, mais dans la visualisation des étapes qui vous y mèneront. - Stephen Covey

Cette technique de visualisation progressive est particulièrement utile pour les projets intellectuels et créatifs complexes, où il peut être facile de se perdre dans les détails ou d'être submergé par l'ampleur de la tâche. La PNL vous fournit une structure mentale qui vous permet d'avancer régulièrement, sans perdre de vue la situation dans son ensemble.

L'importance de renouveler sa motivation

L'un des plus grands défis pour maintenir la clarté et la créativité sur le long terme est de **renouveler** constamment **la motivation**. Même le projet le plus excitant peut devenir routinier et monotone avec le temps. C'est là que la PNL se distingue des autres approches, en vous proposant des techniques pour **garder vivante l'étincelle initiale**.

Une technique efficace est la **reconnexion émotionnelle**. Il s'agit de revivre les états émotionnels positifs qui vous ont motivé à démarrer le projet. En utilisant des techniques d'ancrage émotionnel et de visualisation, vous pouvez activer ces sentiments d'enthousiasme et de passion, même lorsque vous vous trouvez dans la partie la plus ardue du processus.

> *"L'enthousiasme est contagieux, mais il faut d'abord apprendre à se contaminer soi-même. - Zig Ziglar*

Cette approche vous permet non seulement de rester concentré sur vos objectifs à long terme, mais aussi de le faire avec un **enthousiasme renouvelé**, ce qui, à son tour, augmente la qualité et la quantité de vos idées créatives. Apprendre à **raviver sa propre motivation** est l'une des compétences les plus puissantes que vous puissiez développer pour des projets à long terme.

Comment créer un système de productivité et de créativité durable ?

Enfin, l'une des plus grandes erreurs des autres approches est de considérer la productivité et la créativité comme des processus distincts ou, pire, comme des états qu'il faut atteindre par la volonté. La PNL vous apprend à créer un **système durable**, dans lequel la productivité et la créativité **se nourrissent l'une l'autre**.

Ce système est basé sur l'**intégration des habitudes**, la bonne gestion de l'énergie mentale et émotionnelle et l'utilisation consciente des outils de la PNL. Vous apprenez à identifier quand il est temps de vous concentrer profondément et quand il est temps de vous reposer et de renouveler vos ressources mentales. Ce faisant, non seulement **vous préservez votre clarté et votre créativité**, mais vous créez un cycle dans lequel chaque jour s'appuie sur le précédent.

Cette approche systémique permet non seulement **de maintenir des performances élevées** sur de longues périodes, mais aussi de réduire le stress et l'anxiété qui accompagnent souvent les projets intellectuels à long terme. Avec la PNL, vous créez un environnement interne qui **favorise la créativité et la productivité de** manière équilibrée et durable.

Dans ce chapitre, vous avez appris des stratégies avancées pour **maintenir la clarté et la créativité sur le long terme**, en utilisant des outils qui assurent non seulement la durabilité mais aussi la croissance continue. Vous pouvez désormais mettre en œuvre ces techniques pour relever n'importe quel défi intellectuel ou créatif, en sachant que vous disposez d'un système solide qui vous permettra de donner le meilleur de vous-même tout au long du processus.

Rester motivé à long terme : éviter la fatigue mentale

L'un des plus grands défis de tout projet à long terme est la **fatigue mentale**. Si de nombreux ouvrages abordent ce problème de manière superficielle, en proposant des pauses ou des changements d'orientation, peu d'entre eux s'attaquent réellement aux racines du problème. C'est là que la PNL offre des solutions beaucoup plus pratiques et durables.

La fatigue mentale n'est pas seulement le résultat de longues heures de travail, mais aussi d'un **manque de renouvellement émotionnel et motivationnel**. Lorsque votre esprit n'est pas en phase avec vos émotions ou vos objectifs, l'épuisement s'installe rapidement. La PNL vous apprend à aligner vos **émotions avec vos objectifs**

intellectuels, en utilisant des techniques d'ancrage et de visualisation pour **retrouver l'enthousiasme et l'énergie**, même lorsque vous vous sentez submergé par le travail.

Une technique clé est le **recadrage émotionnel**, qui permet de transformer les émotions négatives, telles que la fatigue ou la frustration, en **impulsions positives**. Lorsque vous apprenez à considérer chaque obstacle comme une occasion de progresser ou de surmonter un défi personnel, vous commencez à ressentir une fatigue différente, qui **se transforme en énergie renouvelée**.

> *"La fatigue physique est temporaire, mais la motivation renouvelée est un moteur constant de la productivité intellectuelle. - Dr.*

L'utilisation de cette technique vous permettra d'éviter les baisses de motivation qui accompagnent souvent les projets à long terme, en veillant à ce que votre esprit reste clair, concentré et **constamment plein d'énergie.**

Comment éviter le surmenage mental et maintenir un équilibre durable ?

L'une des erreurs les plus courantes commises par d'autres ouvrages est de promouvoir l'idée que la réussite intellectuelle dépend uniquement du fait de **se dépasser**, en oubliant que l'effort sans repos adéquat conduit au surmenage mental. **L'équilibre est la clé.** Pour conserver un esprit clair et créatif à long terme, il faut apprendre à mesurer ses efforts et comprendre quand il est temps de ralentir et quand il est temps d'accélérer.

La PNL introduit le concept **de cycles de performance mentale,** où vous alternez entre des moments de **forte concentration** et des périodes de **renouvellement**. Cette pratique garantit que votre cerveau n'atteint jamais le point d'épuisement total, mais qu'il fonctionne avec un flux constant d'énergie renouvelée. La clé n'est pas de travailler plus dur, mais de **travailler plus intelligemment**, en utilisant les outils qui vous permettent d'être efficace sans sacrifier votre bien-être mental.

> *"La productivité ne vient pas de la quantité d'heures travaillées, mais de la qualité de votre énergie pendant ces heures". - Tony Schwartz*

Apprendre à gérer ces cycles de performance vous permettra de garder un esprit frais et créatif plus longtemps, en évitant la surcharge qui conduit généralement au blocage intellectuel.

La technique d'ancrage progressif pour les projets à long terme

L'un des problèmes auxquels sont confrontés de nombreux lecteurs est le sentiment de **perte d'élan** au fur et à mesure de l'avancement d'un projet de longue haleine. La motivation initiale commence à s'estomper et l'enthousiasme pour l'objectif final semble trop éloigné pour être tangible. La PNL offre une solution puissante à ce problème : l'**ancrage progressif**.

L'ancrage progressif consiste à créer des étapes intermédiaires tout au long du projet et à les ancrer à des **états émotionnels positifs**. Chaque fois que vous atteignez l'un de ces jalons, vous activez l'ancrage que vous avez créé, ce qui génère un sentiment d'accomplissement et de progrès qui **revitalise votre énergie mentale**. Ainsi, au lieu d'attendre la fin du projet pour ressentir de la satisfaction, vous éprouvez de petites doses de succès à chaque étape.

Cette technique vous permet non seulement de rester concentré, mais aussi de créer une **chaîne de récompenses émotionnelles** qui vous motive en permanence, de sorte que les projets de longue haleine ne vous paraissent pas interminables ou accablants.

Reprogrammer son état d'esprit pour faire face à la monotonie

La **monotonie** est un problème récurrent dans les projets de longue durée. La répétition des tâches, le manque de variété ou la simple accumulation de travail peuvent entraîner un sentiment de stagnation. De nombreux ouvrages vous diront de rechercher de nouveaux stimuli ou de changer d'environnement, mais la véritable solution consiste à **reprogrammer votre esprit pour qu'il gère la monotonie d'une manière différente**.

Grâce à la PNL, vous pouvez recadrer ces tâches répétitives et routinières en les associant à des **objectifs plus importants et plus significatifs**. Chaque fois que vous êtes confronté à une tâche monotone, vous entraînez votre esprit à se souvenir de **la manière dont cette tâche contribue à la réussite globale** de votre projet. Cette technique transforme la perception des petites tâches, en donnant à chacune d'entre elles un objectif clair et défini.

En appliquant cette technique, vous découvrez que même les tâches les plus simples ont une valeur intrinsèque dans le processus créatif ou intellectuel, et vous pouvez les aborder avec une motivation et une clarté d'esprit renouvelées.

La puissance du retour d'information personnalisé pour maintenir les progrès

Enfin, une chose que beaucoup de livres oublient est l'importance d'un **retour d'information constant sur** les projets à long terme. Il est facile de perdre le cap ou d'être démotivé si l'on ne reçoit pas de feed-back sur ses progrès. Or, la PNL offre un moyen innovant de générer un **retour d'information personnalisé**.

Au lieu d'attendre une validation externe, vous apprenez à créer des **systèmes de retour d'information internes**. Ces systèmes comprennent une auto-évaluation périodique, au cours de laquelle vous examinez vos progrès, identifiez les domaines à améliorer et vous **récompensez émotionnellement** vos réalisations. Cette technique vous permet non seulement de rester motivé, mais aussi **d'aiguiser votre clarté mentale** et de vous assurer que vous êtes toujours sur la bonne voie.

> *"Le retour d'information est le miroir qui reflète les véritables progrès. Vous n'avez pas besoin d'attendre que les autres vous le donnent ; vous pouvez créer le vôtre". - John Dewey*

Cette approche d'auto-feedback est essentielle pour les projets à long terme, car elle permet **d'ajuster le cap** et de maintenir un niveau de performance élevé, sans dépendre de facteurs externes.

Dans cette partie du chapitre, nous avons abordé des stratégies avancées qui répondent aux défis les plus courants auxquels sont confrontés les professionnels intellectuels et créatifs sur des projets à long terme. Qu'il s'agisse d'**éviter la fatigue mentale** ou de **maintenir la motivation au fil du temps**, la PNL vous fournit un ensemble d'outils qui vous assurent un succès durable. La mise en œuvre de ces techniques vous permettra de **conserver clarté et créativité** même dans les moments les plus difficiles, vous assurant ainsi de toujours aller de l'avant avec force et détermination.

Gérer les interruptions et maintenir la concentration créative

L'un des plus grands obstacles aux performances intellectuelles et créatives à long terme est l'**interruption constante**. Peu d'ouvrages abordent cet aspect avec le sérieux qu'il mérite. Bien que des stratégies telles que la gestion du temps ou la technique Pomodoro soient mentionnées, la réalité est que **les interruptions ne sont pas toujours sous notre contrôle**. Cependant, la PNL propose des techniques qui permettent non seulement **de gérer les interruptions**, mais aussi de **retrouver rapidement sa concentration** après celles-ci.

Chaque fois que vous êtes interrompu, que ce soit par un facteur externe ou par votre propre impulsion de consulter votre téléphone ou de vous occuper d'une tâche secondaire, votre cerveau subit un processus de **désengagement cognitif**. Cela signifie que lorsque vous essayez de revenir à votre tâche initiale, il y a une période d'inertie mentale qui peut affecter votre productivité et votre créativité. Le défi consiste à **se reconnecter rapidement** à son état mental optimal.

La technique d'**ancrage réactif** de la PNL est une solution idéale. Elle consiste à créer un point d'ancrage que vous pouvez activer immédiatement après une interruption pour revenir à l'état d'esprit concentré dans lequel vous étiez avant d'être distrait. Cette ancre peut être une simple action, comme presser un doigt contre la paume de la main ou prendre consciemment une grande inspiration. En répétant ce **geste**, votre cerveau apprend à l'**associer à l'état de concentration**, ce qui vous permet de reprendre rapidement le cours de votre travail sans perdre trop de temps.

> *"La concentration ne consiste pas seulement à éviter les interruptions, mais aussi à savoir comment s'en remettre rapidement. - Daniel Goleman*

Cette technique est particulièrement utile dans les environnements où les interruptions sont inévitables, que ce soit au travail ou à la maison. L'application de l'ancrage réactif vous permettra d'**optimiser votre temps de création**, même dans des situations difficiles.

Transformer le stress en élan créatif

Le **stress accumulé** est un autre problème qui affecte la clarté et la créativité à long terme. La plupart des approches proposées dans d'autres ouvrages pour gérer le stress ont tendance à se concentrer sur la relaxation ou les techniques de pleine conscience, ce qui est utile, mais souvent **insuffisant** pour ceux qui sont à l'aube d'un projet intellectuel complexe.

La PNL, quant à elle, vous apprend à **canaliser le stress pour en faire une source d'énergie créative**. Au lieu de considérer le stress comme un ennemi à éliminer, vous apprenez **à le recadrer** comme un stimulus qui vous motive à être plus créatif et plus efficace.

Une technique efficace consiste à **redéfinir votre dialogue interne**. Lorsque vous sentez que le stress commence à s'accumuler, il est facile pour votre esprit d'entrer dans une spirale de pensées négatives qui réduisent votre capacité créative. Cependant, en utilisant la PNL, vous pouvez entraîner votre esprit à transformer ces pensées en **messages stimulants**. Au lieu de vous dire "c'est trop pour moi" ou "je ne peux pas supporter cette pression", vous commencez à associer le stress à des phrases telles que "ce défi me permet de passer à un niveau supérieur" ou "c'est une occasion d'accroître mes capacités intellectuelles".

> *"Le stress n'est pas un ennemi, c'est un allié qui vous pousse à explorer de nouvelles frontières si vous apprenez à le gérer correctement." - Kelly McGonigal*

Cette approche change radicalement votre façon de vivre le stress. Au lieu d'être un facteur limitant, il devient une **source d'énergie créative** qui vous permet de rester concentré et productif, même dans les moments les plus difficiles.

L'importance des rituels de désengagement mental

Un aspect crucial du maintien de la clarté et de la créativité à long terme que beaucoup d'autres livres négligent souvent est la nécessité de **rituels de déconnexion mentale**. Un effort continu sans déconnexion appropriée peut conduire à une **saturation mentale**, réduisant votre capacité à générer de nouvelles idées et à rester concentré.

La PNL propose la création de **rituels personnalisés** qui permettent de **fermer les cycles mentaux** à la fin de chaque journée de travail, ce qui prépare l'esprit à une nouvelle journée sans entraîner la fatigue accumulée. Ces rituels peuvent être aussi simples qu'une courte méditation, une marche consciente ou même une **visualisation positive** de ce que vous avez accompli dans la journée.

L'objectif de ces rituels est de **libérer** votre **esprit** de tout bagage émotionnel ou mental. Ce faisant, vous vous assurez que chaque jour commence avec **une ardoise propre**, ce qui permet à votre esprit de fonctionner plus efficacement et de manière plus créative.

Cette approche permet de ne jamais atteindre un point d'épuisement total, mais de maintenir un équilibre entre le travail en profondeur et le repos mental nécessaire pour prolonger les performances au fil du temps.

Comment créer un environnement propice à la clarté et à la créativité ?

Si l'esprit joue un rôle crucial dans le maintien de la créativité et de la clarté, l'**environnement** dans lequel vous travaillez a également un impact profond. De nombreux textes ignorent ou minimisent cet aspect, mais la réalité est que l'**environnement physique** et **émotionnel** dans lequel vous travaillez affecte vos performances plus que vous ne le pensez.

La PNL vous apprend à **concevoir votre environnement de** manière à ce qu'il corresponde à l'état d'esprit que vous recherchez. Cela va d'éléments simples, comme l'organisation de l'espace, l'éclairage ou le niveau de bruit, à des facteurs plus complexes, comme l'énergie émotionnelle des personnes que vous côtoyez au quotidien.

Un environnement chaotique ou rempli de distractions est le reflet d'un esprit dispersé. En créant un espace de travail **ordonné, inspirant et exempt de distractions**, vous aidez votre esprit **à entrer** naturellement **dans des états de haute performance.** En outre, il est important de **cultiver des relations et des conversations qui favorisent la**

créativité plutôt que de la freiner. La PNL vous offre des outils pour **gérer votre environnement social** et faire en sorte que les personnes qui vous entourent vous apportent de l'énergie positive et de la clarté, au lieu de vous épuiser.

> *"L'environnement est le moule invisible qui façonne votre esprit. Si vous l'aménagez correctement, votre esprit trouvera le chemin de la clarté et de la créativité." - Marshall Goldsmith*

En appliquant ces principes, vous créez un écosystème personnel qui **soutient votre concentration et votre créativité** à long terme, en empêchant les facteurs externes de vous faire dérailler.

Libérer le potentiel de la PNL pour une réussite à long terme

Dans cette dernière partie du chapitre, nous avons exploré des stratégies qui non seulement **maintiendront votre créativité et votre clarté**, mais vous aideront **à surmonter les obstacles** les plus courants auxquels les professionnels intellectuels sont confrontés dans les projets à long terme. De la gestion des interruptions à la canalisation du stress en passant par la conception d'un environnement optimal, la PNL vous offre une voie claire vers un **succès durable**.

Ces outils ne sont pas des solutions temporaires ; ce sont des **compétences qui, une fois acquises, vous accompagneront tout au long de votre vie.** Lorsque vous apprenez à contrôler votre esprit et votre environnement avec la précision qu'offre la PNL, vous devenez l'architecte de votre propre succès, capable d'atteindre des objectifs **qui vous semblaient auparavant inaccessibles.**

La mise en œuvre de ces stratégies vous permettra non seulement de maintenir des performances élevées aussi longtemps que nécessaire, mais vous donnera également l'assurance que, **quoi qu'il arrive**, vous serez prêt à **relever tous les défis** avec clarté et créativité.

BONUS 1 : Techniques simples pour améliorer vos performances mentales

---

Dans cette section, je vous propose un ensemble de **techniques simples mais puissantes** qui vous permettront d'**augmenter** significativement **vos performances mentales**. Souvent, les lecteurs ont l'impression que les solutions qu'ils ont essayées auparavant sont compliquées ou demandent trop d'efforts pour être mises en œuvre dans leur vie quotidienne. Mais ce que vous trouverez ici est différent : ces techniques ne sont pas seulement simples, elles sont aussi **très efficaces**, et vous pouvez commencer à les appliquer **immédiatement** pour remarquer un changement tangible dans vos performances mentales.

Beaucoup d'autres livres vous proposent des stratégies, mais n'offrent pas la **facilité de mise en œuvre** qui garantit les résultats. Ce bonus est spécialement conçu pour faire tomber cette barrière, en veillant à ce que chaque technique que vous apprenez devienne un outil pratique que vous pouvez utiliser à tout moment, sans avoir besoin d'étapes préalables complexes.

Technique 1 : Respiration 4-7-8 pour la clarté mentale

Le stress et le manque de concentration sont deux ennemis courants des performances mentales. **La respiration 4-7-8,** popularisée par le Dr Andrew Weil, est une technique simple que vous pouvez pratiquer n'importe où et qui **rétablit le**

calme et la clarté mentale en moins d'une minute. En suivant ce schéma respiratoire, vous entraînez votre système nerveux à **désactiver le stress** et à reprendre le contrôle de votre concentration.

Comment cela fonctionne-t-il ? Inspirez pendant 4 secondes, retenez votre souffle pendant 7 secondes et expirez lentement pendant 8 secondes. Répétez ce cycle au moins trois fois pour constater que votre esprit s'éclaircit et que vos pensées **s'organisent de manière plus fluide**.

> *"Le contrôle de la respiration est l'un des rares moyens directs dont nous disposons pour influencer notre état mental. - Dr Weil*

Ce simple ajustement de votre respiration peut servir de point d'ancrage pour vous aider, au milieu du chaos, à **retrouver la sérénité** et la concentration mentale dont vous avez besoin pour maximiser vos performances.

Technique 2 : Ancrer l'énergie positive

La PNL est réputée pour sa capacité à vous aider **à ancrer des états émotionnels positifs**. Cette technique est particulièrement utile lorsque vous avez besoin d'un regain rapide d'énergie mentale, que ce soit avant une réunion importante, une tâche intellectuelle difficile ou simplement pour **retrouver la motivation** en période d'épuisement professionnel.

Pour créer un point d'ancrage, choisissez un geste simple que vous pouvez facilement répéter (par exemple, serrer doucement le poing). Ensuite, lorsque vous êtes dans un **état émotionnel positif**, par exemple après avoir accompli une tâche satisfaisante ou pendant un moment d'inspiration, faites ce geste et **renforcez mentalement le sentiment**

positif. Répétez ce processus chaque fois que vous vous sentez plein d'énergie.

Au fil du temps, ce geste deviendra un **déclencheur automatique** pour réveiller cette énergie mentale chaque fois que vous en aurez besoin. En ancrant des émotions positives, vous accédez instantanément à la clarté et à la motivation, quel que soit le défi auquel vous êtes confronté.

Technique 3 : Visualisation en mouvement

La **visualisation en mouvement** est une technique très sous-estimée mais incroyablement puissante. Nous pensons souvent que pour visualiser avec succès nos objectifs ou résoudre des problèmes mentaux, nous devons être dans un état de calme. Or, la PNL nous apprend que la visualisation combinée à un mouvement physique **intensifie la connexion entre l'esprit et le corps**, ce qui rend le processus beaucoup plus efficace.

Cette technique est particulièrement utile lorsque vous vous sentez bloqué ou dépassé. Au lieu de rester assis à votre bureau, levez-vous et marchez lentement tout en **visualisant en détail l'objectif ou la solution** que vous souhaitez atteindre. Le mouvement active différentes zones de votre cerveau, contribuant à libérer la créativité et la clarté mentale d'une manière que la simple pensée statique ne peut pas faire.

"Le corps en mouvement libère l'esprit créatif. - Tony Buzan

Appliquer cette technique pendant quelques minutes peut ouvrir de nouvelles perspectives et débloquer des idées qui semblaient inaccessibles dans votre état statique.

Technique 4 : Micro-pauses structurées

De nombreux ouvrages vous conseillent de vous reposer ou de faire des pauses, mais ils ne vous expliquent pas comment le faire efficacement pour maximiser vos performances mentales. **Les micro-pauses structurées** sont de courtes pauses de 2 à 5 minutes qui **renouvellent votre énergie mentale** sans vous déconnecter complètement de votre travail.

L'astuce consiste à profiter de ces moments de repos pour **changer complètement d'objectif** pendant un instant : regardez par la fenêtre, pratiquez une activité physique légère ou écoutez un morceau de musique qui vous inspire. Ces changements temporaires d'orientation permettent à l'esprit de se réinitialiser, ce qui facilite le retour à la tâche avec une énergie mentale renouvelée et une meilleure disposition d'esprit.

> *"La clé n'est pas la durée du travail, mais la façon dont vous gérez votre énergie pendant cette période. - Jim Loehr*

L'intégration de ces micro-pauses dans votre routine quotidienne vous permettra de **rester mentalement alerte** plus longtemps, sans tomber dans le piège de l'épuisement.

Technique 5 : Le dialogue interne assertif

Votre dialogue interne est l'une des armes les plus puissantes pour influencer vos performances mentales. Cependant, la plupart des gens sont victimes de **monologues négatifs** qui sabotent leur capacité à donner le meilleur d'eux-mêmes. La PNL vous apprend à **reconfigurer votre dialogue interne,** en transformant vos doutes et vos peurs en affirmations qui renforcent votre esprit.

L'essentiel est que vos affirmations soient **affirmatives et spécifiques**. Par exemple, au lieu de dire "J'espère réussir", reformulez cette affirmation dans un sens plus actif et plus concret : "Je suis prêt à faire de mon mieux et à obtenir d'excellents résultats". Ce changement subtil de langage affecte profondément la façon dont votre cerveau traite la tâche à accomplir.

> *"La façon dont vous vous parlez à vous-même*
> *définit la façon dont vous vous présentez au monde.*
> *- Louise Hay*

Si vous pratiquez régulièrement cette technique, votre dialogue interne deviendra un **moteur de motivation** qui vous poussera à améliorer vos performances mentales au lieu de vous freiner.

Dans ce premier bonus, je vous propose **cinq techniques simples** qui peuvent immédiatement transformer votre capacité de performance mentale. Chacune de ces stratégies est conçue pour être facile à mettre en œuvre, mais suffisamment puissante pour produire des **résultats rapides et durables**. En les appliquant, vous constaterez que votre esprit devient plus clair, plus concentré et plein d'énergie créative.

Il ne tient qu'à vous de commencer à les utiliser dès aujourd'hui et de voir comment chacun d'entre eux peut devenir un **outil essentiel** dans votre routine quotidienne pour atteindre des niveaux de performance intellectuelle que vous n'auriez jamais cru possibles.

La technique de la règle des deux minutes pour vaincre la procrastination

La **procrastination** est l'un des obstacles les plus courants à la performance mentale. Cette habitude, si ancrée chez beaucoup, est responsable d'une baisse significative de la productivité et des progrès. Cependant, d'autres ouvrages ont tendance à se concentrer sur des stratégies génériques, laissant de côté des solutions simples et pratiques que vous pouvez appliquer immédiatement. C'est là qu'intervient la **règle des deux minutes**, une technique simple mais puissante.

Cette technique repose sur l'idée que toute tâche pouvant être accomplie en moins de deux minutes doit être réalisée **immédiatement**. La magie de cette règle réside non seulement dans sa simplicité, mais aussi dans la façon dont elle **réoriente votre esprit** pour qu'il se concentre sur l'action au lieu de rester bloqué dans l'indécision. Lorsque vous commencerez à appliquer cette règle, vous constaterez que ce qui vous semblait auparavant insurmontable devient gérable et que votre niveau de productivité augmente de façon spectaculaire.

Lorsque vous mettez fin à la procrastination dès les premières étapes, vous entrez dans **un cycle d'action positive**. Chaque tâche accomplie en deux minutes ou moins est une petite victoire qui s'accumule et vous donne l'énergie mentale nécessaire pour relever de plus grands défis.

> *"La procrastination est le voleur de temps, et la règle des deux minutes est la meilleure défense contre elle." - Brian Tracy*

Cette technique devient une stratégie de gestion du temps qui, bien que simple, vous donnera un **avantage concurrentiel significatif** dans tous les domaines où vous souhaitez améliorer vos performances mentales.

La puissance du premier pas : la technique de la fragmentation

L'inertie initiale est l'un des principaux obstacles auxquels vous êtes confronté lorsque vous vous attaquez à une tâche difficile. Souvent, ce n'est pas la tâche elle-même qui pose problème, mais le fait de commencer. Les livres de productivité abordent souvent ce problème de manière superficielle, en proposant des listes de contrôle ou des techniques de motivation génériques. En réalité, **l'esprit humain fonctionne mieux lorsque les problèmes sont fragmentés**.

La technique du **morcellement** consiste à diviser une tâche importante en parties plus petites et plus accessibles. Il ne s'agit pas seulement de décomposer la tâche, mais aussi de se concentrer sur **le découpage de la première étape**. Cela active un principe psychologique connu sous le nom d'**effet Zeigarnik**, selon lequel le cerveau ressent une pression naturelle pour achever ce qu'il a commencé. En accomplissant une petite partie de la tâche, votre esprit se trouve piégé dans un cycle qui vous pousse à vouloir en accomplir davantage.

Par exemple, si vous devez rédiger un rapport, au lieu de penser à écrire tout le document, votre premier réflexe pourrait être d'ouvrir simplement le fichier et d'écrire le titre. Ce faisant, vous vous mettez dans un état de **mouvement mental** et, soudain, la tâche qui semblait énorme est réduite à des étapes gérables.

> *"La distance entre vos rêves et la réalité s'appelle l'action. Et le premier pas, aussi petit soit-il, est ce qui le rend possible." - Anthony Robbins*

En adoptant la technique de la fragmentation, vous remarquerez que **la peur initiale** s'estompe et que ce qui semblait être une tâche impossible devient gérable et même agréable.

La technique du rythme ultradien pour maintenir la productivité

De nombreux ouvrages traitent de l'importance de **faire des pauses régulières** pour maintenir la productivité, mais peu d'entre eux s'intéressent à la science qui sous-tend ce concept. La technique du **rythme ultradien** est un concept clé en biologie qui explique comment notre corps et notre cerveau fonctionnent selon des cycles naturels de 90 minutes de haute énergie suivies de 20 minutes de repos.

Lorsque vous ignorez ces rythmes naturels, votre esprit commence à se fatiguer et votre productivité chute. Cependant, en travaillant en harmonie avec votre **rythme ultradien**, vous pouvez maximiser vos performances sans souffrir d'épuisement. Il s'agit de travailler pendant une période intense de 90 minutes, suivie d'un repos profond de 20 minutes au cours duquel vous vous retirez complètement de la tâche.

Ce cycle permet à votre cerveau **de se recharger** et de traiter les informations plus efficacement. Il ne s'agit pas seulement de se reposer, mais aussi de permettre à votre cerveau **de redémarrer** et de revenir avec plus de clarté et de concentration.

> *"L'esprit humain, comme toute autre machine, a besoin de pauses pour atteindre sa performance maximale. - Daniel Pink*

La mise en œuvre de cette technique vous permettra d'atteindre des niveaux de productivité mentale plus élevés tout en veillant à maintenir un équilibre sain entre le travail et le repos. Travailler **plus n'est pas toujours** la solution, travailler plus intelligemment l'est.

L'impact de l'environnement sur les performances mentales

L'un des aspects les plus négligés de l'optimisation des performances mentales est l'**environnement physique et émotionnel**. Si de nombreux ouvrages se concentrent sur les techniques mentales, ils ne tiennent pas compte du fait que l'environnement peut **soit améliorer, soit saboter** votre clarté et votre concentration. La PNL reconnaît l'importance de créer un espace qui **renforce les** états mentaux souhaités.

Votre environnement ne se réfère pas seulement à l'espace physique, mais aussi aux **stimuli émotionnels** qui vous entourent. Si votre environnement est encombré, s'il est source de distractions ou si vos relations drainent votre énergie, il affectera inévitablement vos performances mentales. Mais si vous prenez le contrôle de ces éléments, vous pouvez transformer votre environnement en un outil qui vous permettra d'améliorer votre concentration.

Un espace de travail propre, organisé et rempli de **stimuli positifs** - tels que des plantes, de la lumière naturelle ou des images inspirantes - aide votre cerveau à entrer dans un état de **haute performance**. En outre, il est essentiel de s'entourer de personnes qui **encouragent** votre créativité et votre énergie mentale, plutôt que de les épuiser, pour maintenir des performances soutenues au fil du temps.

> *"Le bon environnement ne vous permet pas seulement d'être plus productif, il vous permet de donner le meilleur de vous-même. - Marie Kondo*

En apportant des modifications simples à votre environnement, vous pouvez améliorer considérablement votre capacité à conserver votre **clarté mentale** et votre **créativité**, ce qui vous permettra d'être plus productif à chaque séance de travail.

En approfondissant ces techniques, je vous ai montré comment maximiser vos performances mentales grâce à des

stratégies innovantes que la plupart des livres ne vous enseignent pas. Chacun de ces outils est conçu pour **faire tomber les barrières** et vous permettre d'atteindre des niveaux de productivité mentale qui semblaient auparavant inaccessibles.

Qu'il s'agisse de lutter contre la procrastination, de surmonter la peur de commencer, de s'aligner sur son rythme naturel ou de concevoir un environnement qui donne du pouvoir à son esprit, ces techniques vous mettent **sur la voie de la réussite**. Vous avez maintenant entre les mains un ensemble d'outils qui, appliqués consciemment, vous aideront à libérer tout votre potentiel.

La technique de la pensée inversée : résoudre les problèmes à partir d'une nouvelle perspective

L'une des principales limites auxquelles se heurtent de nombreux lecteurs lorsqu'ils cherchent à optimiser leurs performances mentales est la tendance à toujours aborder les problèmes de la même manière. Les livres sur la productivité ou les performances mentales présentent souvent des solutions linéaires, mais explorent rarement des techniques qui modifient **radicalement votre point de vue** sur un problème.

C'est là que **la technique de la pensée inversée** entre en jeu. Cette stratégie, utilisée par les innovateurs et les grands penseurs, consiste à aborder les problèmes en partant du **résultat opposé** ou en imaginant que la solution n'est pas celle que vous attendez. Et si, au lieu de vous concentrer sur la recherche directe de la solution, vous vous demandiez comment vous pourriez **aggraver le problème** ? Cette approche semble contre-intuitive, mais elle permet d'ouvrir de nouvelles voies mentales que votre cerveau n'avait pas explorées.

Par exemple, si votre objectif est d'améliorer votre capacité à mémoriser des informations, vous pouvez vous poser la question inverse : "Comment pourrais-je tout **oublier** plus rapidement ? En dressant la liste des réponses possibles à cette question - comme ne pas prêter attention, ne pas prendre de notes ou être entouré de distractions - vous obtiendrez les indices exacts pour éviter ces comportements et améliorer vos performances.

> *"La pensée inversée est l'étincelle qui allume de nouvelles façons de voir le monde."* - *Edward de Bono*

Cette technique permet non seulement de remettre en question votre façon de penser, mais aussi d'éliminer les blocages mentaux. En remettant en question vos hypothèses et en explorant le problème sous l'angle opposé, vous découvrirez des solutions **créatives et nouvelles** que vous n'aviez pas envisagées auparavant.

Exercice pratique

1. Choisissez un problème auquel vous êtes actuellement confronté, que ce soit dans votre vie personnelle ou professionnelle.

2. Posez-vous la question inverse : comment puis-je **aggraver le problème** ?

3. Dressez la liste de toutes les réponses possibles.

4. Examinez la liste et notez les actions contraires que vous devez entreprendre pour **éviter ces résultats négatifs**.

Cette pratique ne vous aidera pas seulement à résoudre le problème en question, mais elle entraînera également votre cerveau à être plus agile et plus souple dans sa réflexion.

La technique d'apprentissage multisensoriel : accélérer la rétention

Il s'agit d'un autre domaine dans lequel de nombreux ouvrages ne proposent pas de solutions permettant de maximiser **la rétention** à long terme de l'**information**. La plupart des gens apprennent passivement, en lisant ou en écoutant des informations sans exploiter tout le potentiel de leur cerveau.

La **technique de l'apprentissage multisensoriel** exploite la capacité du cerveau à traiter et à mémoriser l'information de manière plus efficace lorsque **plusieurs sens** sont sollicités en même temps. Il ne s'agit pas simplement de lire un livre et de le souligner, mais d'**activer** simultanément **la mémoire auditive, visuelle et kinesthésique**.

Imaginez que vous lisez un nouveau concept. Au lieu de vous contenter de lire, visualisez comment vous pourriez l'appliquer dans un environnement réel. En même temps, répétez-le à haute voix et faites un mouvement physique (comme écrire ou faire un geste de la main) qui le renforce. Les connexions neuronales sont ainsi renforcées, ce qui permet de **stocker les** informations **plus efficacement**.

"Apprendre avec l'ensemble du corps et des sens est le véritable secret de la mémorisation". - Howard Gardner

Exemple pratique

1. Choisissez un sujet que vous étudiez ou un concept que vous voulez apprendre.

2. Lisez les informations à haute voix tout en faisant un geste que vous associez au concept.

3. Imaginez une situation dans laquelle vous pourriez appliquer ce que vous apprenez.

4. Répétez ce processus plusieurs fois, en faisant appel à tous vos sens.

Cette approche multisensorielle accélérera non seulement votre apprentissage, mais améliorera également de manière significative votre **rétention** d'informations, ce qui vous permettra d'accéder plus facilement à ces connaissances lorsque vous en aurez besoin.

Techniques de désengagement intentionnel : maximiser la concentration mentale

Dans un monde où les distractions numériques et la surcharge d'informations sont omniprésentes, la capacité à **se déconnecter intentionnellement** est devenue une compétence essentielle pour ceux qui cherchent à maximiser leurs performances mentales. Cependant, de nombreux ouvrages de développement personnel sous-estiment l'impact des **distractions silencieuses** sur votre capacité à vous concentrer.

La technique du désengagement intentionnel repose sur l'élimination **consciente** de toutes les distractions non essentielles pendant une période déterminée. Il s'agit non seulement d'éteindre son téléphone ou de fermer des applications, mais aussi de **reconfigurer son environnement** pour éliminer les interruptions mentales les plus subtiles, comme les bruits de fond ou les pensées intrusives.

Pour ce faire, vous pouvez créer des plages de temps spécifiques pendant lesquelles vous vous déconnectez de toute technologie et vous vous immergez totalement dans la tâche à accomplir. Pendant ces moments, votre esprit atteint un niveau de concentration profond, connu sous le nom d'**état de fluidité**, où le temps semble s'écouler et où votre productivité atteint des sommets.

Exercice pratique

1.   Choisissez un projet ou une tâche qui exige une concentration maximale.

2.   Fixez un bloc de temps (30 minutes à 1 heure) pendant lequel vous vous déconnecterez complètement de toutes les distractions extérieures.

3.   Pendant cette période, éteignez votre téléphone, fermez toutes les applications non essentielles et assurez-vous d'être dans un environnement calme.

4.   À la fin du bloc, prenez quelques minutes pour réfléchir à ce que vous avez accompli de plus par rapport à un travail dans un environnement plein de distractions.

En pratiquant le débranchement intentionnel, vous remarquerez non seulement **une augmentation spectaculaire de votre productivité**, mais vous vous sentirez aussi mentalement rafraîchi, sans la fatigue cognitive qui accompagne normalement les journées de travail intenses.

Dans cette dernière partie du bonus, nous avons approfondi des techniques que d'autres ouvrages négligent souvent ou traitent de manière superficielle. Ces stratégies vous permettront non seulement d'améliorer votre capacité à relever des défis complexes, mais aussi de disposer d'outils

novateurs pour gérer le stress, améliorer votre capacité de rétention et maintenir une concentration soutenue.

Chaque technique est conçue pour **briser les schémas** et vous aider à voir les choses sous un nouvel angle. La mise en œuvre de ces techniques transformera non seulement vos performances mentales, mais vous permettra également de surmonter des limites qui vous semblaient auparavant insurmontables.

Maintenant, c'est à vous de jouer. Commencez à appliquer ces techniques dès aujourd'hui et observez vos performances mentales et votre clarté créative atteindre des niveaux que vous n'auriez jamais cru possibles.

BONUS 2 : Guide d'application de la PNL à la résolution de problèmes intellectuels

Le principal défi que pose la résolution de problèmes intellectuels complexes réside dans le fait que de nombreuses personnes ont tendance à s'enfermer dans un cycle de pensée rigide. Les livres conventionnels sur la productivité et le développement personnel se concentrent souvent sur des solutions génériques, mais se penchent rarement sur des outils spécifiques et éprouvés tels que la **programmation neurolinguistique (PNL)** pour aborder les problèmes intellectuels d'un point de vue novateur.

La PNL offre des techniques puissantes pour **briser les blocages mentaux** et permettre à l'esprit d'explorer de nouvelles voies pour résoudre les problèmes plus efficacement. Ce chapitre bonus a un objectif clair : vous fournir un guide pratique, direct et simple pour appliquer les principes de la PNL à la **résolution de problèmes intellectuels**. Ce que vous apprendrez ici, vous ne le trouverez dans aucun autre livre standard de développement personnel, car nous allons nous concentrer sur les techniques qui fonctionnent vraiment.

Flexibilité mentale : la clé pour résoudre l'insoluble

L'une des premières choses à apprendre est que la **flexibilité mentale** est fondamentale pour résoudre des problèmes complexes. Ceux qui se limitent aux solutions traditionnelles trouvent rarement une issue rapide aux problèmes difficiles. C'est là que la PNL entre en jeu, en vous aidant à changer votre façon de penser pour ouvrir de nouvelles perspectives. Selon les principes de la PNL, "la personne qui a une plus grande flexibilité a plus de contrôle sur le système" - Gregory Bateson.

Face à un problème, au lieu de s'en tenir à la première option qui vous vient à l'esprit, **posez d'autres questions** :

1. Quel autre moyen existe-t-il pour résoudre ce problème ?

2. Quel est le contraire de ce que je pense en ce moment ?

3. Comment puis-je aborder ce défi sous un angle complètement nouveau ?

Non seulement ces questions vous font sortir des sentiers battus, mais elles **entraînent votre cerveau** à devenir plus adaptable, ce qui vous permet de voir des solutions là où vous ne voyiez auparavant que des obstacles.

Exercice pratique : changer de cadre de référence

1. Pensez à un problème intellectuel auquel vous êtes actuellement confronté.

2.   Notez la solution qui vous vient à l'esprit.

3.   Maintenant, **changez de cadre de référence** : imaginez que vous êtes quelqu'un d'autre avec une approche complètement différente (quelqu'un de créatif, un expert dans un autre domaine, ou même un enfant). Quelles solutions cette personne vous proposerait-elle ?

4. Rédigez au moins trois nouvelles options, remettant en cause les solutions traditionnelles.

Cet exercice améliore non seulement vos compétences en matière de résolution de problèmes, mais vous entraîne à **sortir des sentiers battus**, ce qui est essentiel pour progresser dans n'importe quel défi intellectuel.

Recadrage des problèmes : transformer les obstacles en opportunités

Un autre principe clé de la PNL est le **recadrage**. Cette technique repose sur l'idée que la façon dont nous percevons un problème peut être encore plus importante que le problème lui-même. En changeant de **perspective**, vous pouvez transformer un obstacle en une **opportunité d'apprentissage** ou de croissance.

Imaginez que vous êtes confronté à une situation qui ne semble pas avoir de solution possible. Au lieu d'abandonner, recadrez la situation : "Que puis-je apprendre de ce défi ?", "Quelles sont les possibilités qu'il m'offre et que je n'avais pas remarquées auparavant ?" En procédant ainsi, vous changez d'orientation mentale, ce qui est essentiel pour générer de **nouvelles solutions**.

"Recadrer les problèmes, c'est transformer le contexte pour voir l'invisible." - Robert Dilts

Exercice pratique : recadrer le défi

1. Choisissez un problème qui semble insoluble.

2. Posez-vous la question suivante : **comment pourrais-je envisager cette situation sous un angle positif ?**

3. Dressez une liste des avantages que ce défi pourrait vous apporter.

4. Réfléchissez à la manière dont cette nouvelle perspective peut ouvrir des voies qui semblaient auparavant fermées.

L'application du recadrage vous permettra de transformer tout obstacle en opportunité, ce qui vous conduira à un **état d'esprit plus résilient et plus créatif.**

Techniques de modélisation : apprendre des meilleurs

En PNL, l'un des outils les plus puissants est la **modélisation**, qui consiste à observer comment les personnes qui ont résolu des problèmes similaires aux vôtres l'ont fait, et à **reproduire** leur stratégie. Il ne s'agit pas seulement de copier ce que les autres ont fait, mais d'analyser en profondeur **comment ils pensent, comment ils agissent** et quelles sont les croyances qui sous-tendent leurs décisions.

Par exemple, si vous êtes confronté à un défi dans le domaine intellectuel, trouvez quelqu'un qui a résolu un problème similaire, observez comment il l'a fait et **adoptez ces schémas de pensée.** Cela peut sembler étrange ou peu naturel au début, mais avec la pratique, vous verrez que vous commencez à intérioriser ces stratégies et à les appliquer avec plus d'aisance.

Exercice pratique : modèle de réussite

1. Choisissez une personne que vous admirez pour ses compétences en matière de résolution de problèmes.

2. Découvrez comment il a relevé des défis similaires aux vôtres.

3. Analyser leurs pensées, leurs stratégies et leurs actions.

4. Appliquez ce que vous avez appris à votre propre situation.

Cette technique vous permettra **de reproduire le succès** des autres sans avoir à réinventer la roue.

Ce bonus vous fournit des outils avancés pour appliquer la PNL à la résolution de problèmes intellectuels. En maîtrisant des techniques telles que la flexibilité mentale, le recadrage et la modélisation, vous pourrez non seulement résoudre des problèmes plus rapidement et plus efficacement, mais aussi **développer une approche mentale plus agile et plus créative**.

Ces techniques vont bien au-delà de ce qui est normalement proposé dans d'autres ouvrages sur la productivité mentale. Vous avez maintenant entre les mains un ensemble d'outils pratiques qui non seulement changeront votre façon de résoudre les problèmes, mais feront de vous un penseur beaucoup plus efficace.

L'importance d'un bon état d'esprit pour la résolution de problèmes intellectuels

De nombreux ouvrages traitent de la manière de gérer les problèmes, mais peu s'attardent sur un détail essentiel : l'**état d'esprit dans lequel nous abordons les défis**. Une idée fausse très répandue est que l'on peut résoudre n'importe quel problème à partir d'un état d'esprit chaotique ou stressé. Or, la PNL enseigne que la clé pour résoudre des problèmes intellectuels complexes est de **gérer d'abord son état émotionnel et mental**. Ce n'est qu'ensuite que vous pourrez accéder à votre capacité maximale de résolution.

Pensez à un moment où vous vous êtes senti bloqué. Quel était votre état d'esprit ? Vous étiez probablement débordé, sous pression ou anxieux. Cet état est à l'opposé de ce dont vous avez besoin pour résoudre efficacement les problèmes. La PNL utilise des techniques telles que l'**ancrage** pour générer des états d'esprit optimaux. Si vous êtes dans un état calme et concentré, vos chances de trouver des solutions ingénieuses augmentent de façon exponentielle.

"Les grands problèmes ne se résolvent pas dans l'inquiétude, mais dans la sérénité." - Milton Erickson

Exercice pratique : ancrer un état d'esprit productif

1. **Identifier un état d'esprit productif :** pensez à un moment où vous vous êtes senti totalement concentré et créatif.

2. Il peut s'agir d'un geste physique, comme presser deux doigts l'un contre l'autre, ou d'une pensée positive récurrente.

3.   **Répétez et renforcez :** Pratiquez le stimulus chaque fois que vous avez besoin d'entrer dans cet état, jusqu'à ce que le corps y réponde automatiquement.

Grâce à ce simple exercice, vous créerez un **interrupteur émotionnel** qui vous permettra d'accéder à la meilleure version mentale de vous-même lorsque vous serez confronté à des problèmes.

Éviter l'épuisement intellectuel

L'épuisement intellectuel est un autre piège dans lequel tombent de nombreuses personnes lorsqu'elles tentent de résoudre des problèmes complexes. Pousser son esprit au-delà de ses capacités n'aboutit qu'à des résultats médiocres. Les livres de productivité traditionnels vous conseillent souvent de "travailler plus", mais la vérité est que la qualité de votre pensée diminue lorsque votre esprit est surchargé. C'est là que la PNL vous offre un autre outil puissant : les **pauses stratégiques**.

Au lieu de forcer les solutions, les pauses programmées aident l'esprit à réorganiser les informations. Pendant ces pauses, votre subconscient continue à travailler sur le problème, ce qui vous permet d'approfondir vos connaissances lorsque vous vous concentrez à nouveau. Cette méthode est conforme à la célèbre technique Pomodoro, mais la PNL y ajoute une dimension supplémentaire : la **concentration pendant les pauses**. Il ne s'agit pas seulement de se reposer, mais de **se déconnecter consciemment** et de se reconnecter avec plus de clarté.

Exemple pratique : les pauses régénératives

1.   Travaillez intensivement pendant 25 minutes sur le problème que vous devez résoudre.

2.   Prenez une pause de 5 minutes, mais au lieu de faire quelque chose d'anodin, utilisez ce temps pour **changer votre environnement mental** : écoutez de la musique relaxante, faites une petite promenade ou méditez.

3.   Après la pause, revenez au problème avec un esprit neuf et voyez comment les solutions émergent plus naturellement.

Grâce à cette technique, vous éviterez l'une des plus grandes erreurs commises par les intellectuels : **exiger trop de l'esprit sans lui laisser le temps de traiter.**

Créer un environnement propice à la créativité

L'environnement dans lequel vous résolvez les problèmes est un autre facteur clé que beaucoup sous-estiment. Si vous êtes entouré de distractions, votre esprit s'égare. Si l'environnement est stérile ou peu inspirant, la créativité en pâtit. C'est un aspect que les autres livres de développement personnel ignorent souvent, laissant le lecteur sans conseils clairs sur la manière d'optimiser son espace physique pour améliorer ses performances intellectuelles.

La PNL suggère que l'environnement interne et externe joue un rôle crucial. Pour créer un environnement propice à la résolution de problèmes, commencez par modifier votre espace de travail. Ajoutez des éléments visuels qui vous inspirent et gardez l'espace bien rangé pour **minimiser les distractions**.

En outre, **la lumière et le son** sont deux facteurs essentiels pour rester concentré. La lumière naturelle favorise la pensée créative, tandis que des sons doux et répétitifs, tels que le bruit blanc ou la musique instrumentale, peuvent vous aider à rester concentré sans fatigue mentale.

Exercice pratique : optimiser l'environnement de travail

1. **Visualisez votre environnement idéal :** fermez les yeux et imaginez l'espace dans lequel vous vous sentiriez le plus productif et le plus créatif. Quels sont les éléments présents, les couleurs, les sons ?

2. **Procéder à des ajustements simples :** Commencez par améliorer ce que vous avez déjà. Ajoutez des plantes, améliorez l'éclairage ou réduisez le désordre visuel. Assurez-vous que l'espace est suffisamment inspirant et fonctionnel pour répondre à vos besoins intellectuels.

En améliorant votre environnement, vous créerez un **écosystème mental** où votre capacité à résoudre les problèmes s'épanouira sans effort. D'autres ouvrages peuvent proposer des techniques pour mieux penser, mais cette approche vous permet de contrôler le contexte dans lequel votre esprit peut fonctionner au mieux.

Grâce à ces stratégies, vous aurez une longueur d'avance dans la résolution des problèmes intellectuels. La PNL n'offre pas seulement des solutions théoriques, mais aussi des outils pratiques qui vous permettront d'**activer votre meilleure version mentale** chaque fois que vous en aurez besoin. Ce que vous avez lu ici n'est pas un conseil générique typique, mais **un ensemble de techniques éprouvées** pour amener votre intellect à des niveaux que vous n'auriez même pas imaginés possibles.

L'importance du changement de perspective dans la résolution des problèmes intellectuels

La résolution de problèmes, en particulier de problèmes complexes, n'est pas seulement une question de logique et d'analyse. De nombreux ouvrages sous-estiment le rôle essentiel que joue le **changement de perspective** dans le processus de résolution des problèmes. L'une des plus grandes erreurs consiste à penser que l'on peut aborder un problème sous le même angle que celui sous lequel il a été créé et s'attendre à des résultats différents. C'est cette approche qui conduit à la frustration et à la paralysie intellectuelle. La PNL (Programmation Neuro Linguistique) vous apprend que **la manière dont vous posez un problème est cruciale pour trouver une solution**.

Imaginez que vous êtes un photographe essayant de capturer la meilleure image possible. Si vous utilisez toujours le même angle, l'image sera toujours limitée. Changer le cadrage, se déplacer vers un autre point, changer la lumière... cela transforme complètement ce que vous voyez et comment vous le voyez. Il en va de même pour les problèmes intellectuels. Souvent, ce n'est pas d'informations supplémentaires dont vous avez besoin, mais d'un **changement dans la manière dont vous abordez le défi**.

"Les problèmes ne peuvent être résolus au même niveau de pensée que celui auquel ils ont été créés."
- Albert Einstein

Exemple pratique : recadrer un problème intellectuel

1. **Définir le problème sous un angle émotionnel :** que ressentez-vous face à ce problème ? Quelles émotions suscite-t-il en vous ?

2. **Adoptez un point de vue neutre :** essayez maintenant de décrire le problème comme si vous étiez un observateur extérieur, sans faire intervenir

d'émotions. Quels aspects changent lorsque vous supprimez le poids émotionnel ?

3. **Cherchez de nouvelles perspectives :** imaginez comment une personne que vous admirez, ou un personnage historique célèbre pour son intelligence ou sa créativité, résoudrait le problème. Que ferait Léonard de Vinci ? Que ferait Marie Curie ?

Ce changement de perspective est ce qui manque souvent aux autres livres. Ils vous incitent à suivre le même schéma d'analyse alors qu'en réalité, vous avez besoin d'**une nouvelle approche**. La PNL vous apprend à aborder les problèmes sous plusieurs angles, ce qui vous permet de trouver des solutions que vous n'auriez jamais envisagées auparavant.

Surmonter les blocages mentaux grâce à la technique du métamodèle

L'un des principaux obstacles à la résolution de problèmes complexes est constitué par les blocages mentaux que nous accumulons au fil du temps. Ces blocages peuvent prendre la forme de croyances limitantes, de pensées automatiques négatives ou de suppositions non vérifiées. La PNL introduit un outil puissant pour démanteler ces blocages : **le métamodèle**.

Le métamodèle est une série de questions conçues pour remettre en question et briser les schémas de pensée limitatifs. Sa force réside dans sa capacité à **susciter la curiosité intellectuelle** et à vous forcer à reconsidérer les hypothèses qui vous ont freiné.

Par exemple, si vous vous dites "Je ne pourrai jamais résoudre ce problème", le métamodèle vous invite à le remettre en question :

- Y a-t-il un moment dans le passé où vous avez résolu un problème difficile ?

- **Qu'est-ce qui vous arrête exactement ?**

- **Quelles sont les ressources dont vous avez besoin et que vous n'avez pas encore envisagées ?**

Chacune de ces questions ouvre de nouvelles possibilités, libérant votre esprit des restrictions que vous lui avez imposées.

Exemple pratique : application du métamodèle à un problème bloqué

1. **Identifiez le blocage mental :** pensez à une situation dans laquelle vous avez l'impression de ne pas pouvoir aller de l'avant. Notez vos pensées automatiques sur les raisons pour lesquelles vous n'arrivez pas à la résoudre.

2. **Appliquer les questions du métamodèle :** ce que vous pensez est-il vraiment vrai ? Quelles sont les hypothèses que vous faites et que vous pourriez remettre en question ?

3. **Réfléchir à de nouvelles possibilités :** après avoir remis en question ces idées, quelles sont les nouvelles possibilités qui émergent ? Quelles sont les options que vous n'aviez pas envisagées auparavant ?

Le métamodèle n'est pas une simple technique, c'est **un outil de déblocage mental** qui vous permet de voir au-delà des limites que vous vous êtes imposées. D'autres livres vous donneront souvent des solutions superficielles, mais ici nous vous fournissons un outil que vous pouvez utiliser pour **démanteler tous les blocages intellectuels auxquels vous êtes confronté**.

Éviter la stagnation grâce à la technique des "sous-modalités".

Un autre aspect essentiel de la PNL consiste à comprendre comment vous percevez les problèmes par le biais de vos sens. **Les sous-modalités** sont les qualités spécifiques de nos expériences sensorielles : la luminosité, la couleur, la taille ou le volume des images dans notre esprit, ou la clarté des sons que nous entendons intérieurement. Souvent, lorsque nous restons bloqués sur un problème, c'est parce que nous nous le représentons mentalement d'une manière qui **crée une résistance ou un blocage**.

La bonne nouvelle, c'est que vous pouvez modifier ces sous-modalités pour changer votre perception du problème. Si vous considérez le problème comme gigantesque et ingérable, réduisez-le mentalement à une taille gérable. Si la voix intérieure qui vous dit que vous ne pouvez pas le résoudre est forte, imaginez-la plus douce et plus distante. Ces petits ajustements peuvent avoir un impact **important** sur votre capacité à traiter le problème de manière efficace.

Exemple pratique : ajustement des sous-modalités pour un problème compliqué

1. **Visualisez le problème :** fermez les yeux et pensez au problème - comment le voyez-vous, est-il grand, petit, sombre, lumineux ?

2. **Ajustez les sous-modalités :** si c'est grand, réduisez-le. S'il est sombre, rendez-le plus lumineux. Si la voix intérieure est trop forte, diminuez le volume.

3. **Réévaluez votre attitude à l'égard du problème :** après avoir modifié ces perceptions, comment vous sentez-vous face au problème ? Est-il plus facile à gérer ?

Ce type d'ajustement est rarement abordé dans les autres ouvrages consacrés à la résolution de problèmes. Ils se concentrent sur les processus externes, ignorant que **la véritable bataille intellectuelle se situe au niveau de votre perception interne**. La PNL vous apprend à contrôler ces perceptions pour maximiser votre efficacité.

Grâce à ces outils supplémentaires, vous serez non seulement en mesure de résoudre les problèmes avec plus de clarté, mais vous le ferez d'une manière qui tirera parti de vos ressources internes à des niveaux que d'autres approches n'auraient jamais atteints.

Prochaines étapes : Comment appliquer la PNL pour une croissance intellectuelle continue

A ce stade, vous avez parcouru un chemin fascinant où la PNL vous a montré son pouvoir d'aiguiser votre esprit, d'améliorer votre créativité et de débloquer de nouvelles façons de penser. Maintenant, le plus important est de ne pas s'arrêter. Ce qui différencie ceux qui parviennent à une croissance intellectuelle continue de ceux qui stagnent, c'est la **constance dans la pratique**. La bonne nouvelle, c'est qu'en appliquant ces principes avec constance, vous obtiendrez non seulement des résultats exceptionnels, mais vous ferez en sorte que ce processus devienne naturel, presque automatique, comme un réflexe.

Créer une habitude quotidienne de croissance

La croissance intellectuelle ne se fait pas du jour au lendemain. Elle est le résultat d'une série de **petites habitudes cohérentes** qui s'accumulent au fil du temps. Voici quelques étapes clés pour établir une habitude qui vous permettra de continuer à tirer le meilleur parti des outils de la PNL.

1. **Fixez-vous un temps de pratique quotidien** : consacrez au moins 15 minutes par jour à une technique de PNL. Vous pouvez vous concentrer sur la **visualisation créative, la technique de métamodélisation** ou tout autre outil que vous avez appris. Le plus important est d'être constant.

2. **Révisez régulièrement vos objectifs** : la clarté est essentielle pour rester concentré. Chaque semaine, passez en revue les objectifs que vous vous êtes fixés pour vous assurer que vous êtes en phase avec votre vision à long terme. Si nécessaire, ajustez vos objectifs, mais ne perdez jamais de vue la situation dans son ensemble.

3. **Réfléchissez à** vos progrès : tenez un journal de vos progrès. Notez les défis que vous avez relevés, les blocages mentaux que vous avez éliminés et les idées créatives que vous avez générées grâce à la PNL. Ce journal vous permettra non seulement de rester motivé, mais aussi de constater votre progression de manière tangible.

Éviter les erreurs les plus courantes

L'un des plus grands risques auxquels les gens sont confrontés lorsqu'ils appliquent les techniques de la PNL est de tomber dans le piège **du manque de patience**. Les résultats ne se manifestent pas toujours immédiatement, et c'est là que de nombreuses personnes se sentent frustrées et abandonnent. Rappelez-vous que vous êtes en train de **reprogrammer votre esprit** et de créer de nouvelles connexions neuronales. Cela prend du temps et nécessite une concentration constante.

> *"Marcher lentement permet d'aller loin, à condition de ne pas s'arrêter. - Anonyme*

Une autre erreur fréquente consiste à **trop analyser**. Les techniques de la PNL ne doivent pas devenir un processus complexe et accablant. Leur simplicité fait partie de leur efficacité. Si vous vous surprenez à trop réfléchir, il est temps de **simplifier**. Revenez à l'essentiel : identifiez ce qui vous bloque, appliquez une technique simple et passez à autre chose.

Exemple pratique : Comment affiner l'utilisation des mouillages ?

L'un des piliers de la PNL est la technique de l'**ancrage**, qui permet d'associer un état émotionnel positif à un geste ou à une parole. Même si vous l'avez pratiquée, la perfectionner prend du temps. Je vous propose ici un moyen simple d'améliorer encore votre capacité à ancrer les émotions souhaitées :

1. **Répétez la technique plus souvent** : N'attendez pas les moments difficiles pour utiliser une ancre. Chaque jour, prenez au moins trois moments pour activer votre ancre dans des situations normales. Cela renforce l'association neurologique.

2. **Amplifier l'émotion** : lorsque vous ancrez un état émotionnel, veillez à le faire au moment où l'émotion est la plus forte. Si vous voulez vous sentir confiant, ne le faites pas lorsque vous ne ressentez qu'un léger sentiment de sécurité. Attendez que l'émotion soit à son paroxysme pour que l'ancrage soit le plus efficace possible.

3. **Essayez différentes situations** : Pour vous assurer que votre ancrage est polyvalent, appliquez-le dans différentes situations. Utilisez-la aussi bien lors d'une réunion de travail qu'avant une conversation personnelle. Vous entraînerez ainsi votre cerveau à activer cet état émotionnel dans n'importe quel contexte.

Recherche un retour d'information et un ajustement constant

Un esprit qui reste agile et qui se développe est un esprit qui est en perpétuel retour d'information. N'ayez pas peur de demander des avis extérieurs ou de remettre en question vos propres résultats. À mesure que vous progresserez, il sera essentiel que vous vous exposiez à de nouvelles idées, à de nouveaux environnements et à des personnes qui vous mettront au défi.

- **Entourez-vous de personnes qui sont elles aussi sur la voie du développement intellectuel.** Cela crée un environnement positif dans lequel il est plus facile de rester motivé et de découvrir de nouvelles stratégies.

- **Analyser et ajuster** : chaque mois, procédez à une auto-évaluation honnête de vos progrès. Quelles sont les techniques qui fonctionnent le mieux pour vous ? Quelles sont celles qui ont besoin d'être ajustées ? Cela vous permettra d'affiner votre approche et de vous assurer que vous êtes sur la bonne voie.

À ne pas faire : éviter le perfectionnisme

De nombreux lecteurs tombent dans le piège **du perfectionnisme**, pensant qu'ils doivent appliquer parfaitement les techniques de la PNL dès le départ. C'est un obstacle à une véritable croissance. **Il n'est pas nécessaire d'être parfait**, il suffit d'être cohérent. Le véritable pouvoir de la PNL réside dans sa **pratique continue**, et non dans son exécution parfaite. Si vous avez l'impression que quelque chose ne fonctionne pas comme vous l'espériez, **expérimentez**, mais ne vous arrêtez pas. La PNL est un voyage, pas une destination.

Exemple pratique : gérer les attentes à long terme

1. **Soyez réaliste quant aux résultats** : n'attendez pas de la PNL qu'elle résolve tous vos problèmes en une semaine. Une transformation profonde et durable prend du temps. Fixez des attentes claires et réalistes, en vous concentrant sur des progrès modestes et réguliers.

2. **Ajustez vos pratiques en fonction de ce qui fonctionne pour vous** : Bien que les techniques de la PNL soient puissantes, chaque personne est différente. Ce qui fonctionne pour une personne peut ne pas être aussi efficace pour une autre. Soyez flexible dans votre approche et adaptez les outils à votre propre style et à vos besoins.

Entretenir la curiosité

La croissance intellectuelle continue exige que vous mainteniez **une curiosité constante**. N'arrêtez pas d'apprendre, n'arrêtez pas d'explorer de nouvelles façons d'appliquer la PNL dans différents domaines de votre vie. Posez-vous constamment des questions : Comment puis-je appliquer ceci dans ma vie quotidienne ? Que puis-je encore améliorer ?

> *"Un esprit qui s'élargit avec une nouvelle idée ne reviendra jamais à sa taille initiale. - Oliver Wendell Holmes*

Avec cet état d'esprit, vous continuerez à aller de l'avant, à explorer et à découvrir le véritable potentiel de votre intellect. Vous avez appris les bases et les techniques fondamentales de la PNL, mais le plus important est maintenant de savoir ce que vous allez faire de ces connaissances. Les prochaines étapes dépendent de vous.

Le pouvoir de la cohérence dans l'application

Ce qui différencie souvent les personnes qui obtiennent des résultats étonnants de celles qui n'y parviennent pas, c'est la **capacité à appliquer ce qu'elles apprennent de manière cohérente**. De nombreux ouvrages sur le développement personnel et la PNL échouent sur un point crucial : ils proposent une explosion de techniques, mais n'insistent pas assez sur l'importance de **persévérer dans leur application quotidienne**.

Lorsque nous analysons les réussites les plus impressionnantes dans l'utilisation de la PNL, un schéma commun émerge : la **cohérence**. Il ne s'agit pas d'opérer un changement massif tout de suite, mais de faire la somme de petites actions qui, au fil du temps, créent un changement substantiel. Vous trouverez ci-dessous des exemples pratiques qui illustrent comment cette approche a permis à des personnes ordinaires d'obtenir des résultats extraordinaires.

Histoires de réussite : ce que d'autres ont fait pour réussir

1. Le cas d'Ana : briser les barrières émotionnelles

Ana était une professionnelle qui, bien qu'ayant un grand potentiel, luttait contre des blocages émotionnels qui l'empêchaient de progresser dans sa carrière. Après avoir découvert la technique de **recadrage de** la PNL, elle a décidé d'appliquer un changement simple mais puissant : chaque fois qu'elle se trouvait dans une situation difficile, au lieu de paniquer, elle **recadrait sa perception de** la situation, en la considérant comme une opportunité d'apprentissage.

Au début, ce n'était pas facile. Mais Ana a été cohérente, appliquant le recadrage quotidiennement, dans de petites situations de la vie de tous les jours. Peu à peu, elle a pris confiance en elle. En moins d'un an, elle a non seulement surmonté ses blocages, mais elle a également progressé dans son travail. "Le changement n'a pas été instantané, mais la constance a rendu ma transformation inévitable", dit-elle.

Cet exemple montre que la clé ne réside pas dans une technique magique, mais dans l'application des connaissances jour après jour, même si les résultats ne sont pas immédiats.

2. L'exemple de Mark : renforcer la créativité

Marcos, graphiste, savait que son principal obstacle n'était pas le manque de talent, mais l'épuisement mental. Il avait essayé de nombreuses techniques pour accroître sa créativité, mais aucune d'entre elles n'offrait de résultats à long terme. Il a décidé de se concentrer sur la **visualisation créative** de la PNL, une méthode que les autres livres mentionnent souvent de manière superficielle, sans préciser comment l'intégrer dans la routine quotidienne.

Marcos a commencé à pratiquer la visualisation tous les matins avant de commencer sa journée de travail. Il imaginait sa journée idéale, les projets qu'il souhaitait mener à bien et ce qu'il ressentait lorsqu'il se trouvait dans cet état de flux créatif. Au début, il doutait que cela fonctionne vraiment, mais après quelques mois, il a remarqué que son esprit commençait à générer des idées plus facilement et qu'il entrait plus rapidement dans un état de **fluidité**.

Aujourd'hui, Marcos dirige une équipe de créatifs au sein d'une célèbre société de design, et tout a commencé par une simple technique appliquée avec un **dévouement constant**. C'est le genre d'histoire qui démontre que des résultats extraordinaires ne nécessitent pas une méthode complexe, mais une pratique constante d'outils que vous connaissez déjà.

Comment reproduire ces succès

1. commencer par de petits changements quotidiens

N'essayez pas de tout changer en même temps. Comme l'ont fait Ana et Marcos, choisissez une ou deux techniques qui vous conviennent. Il peut s'agir du recadrage, de la visualisation ou de l'ancrage, et commencez à les utiliser **à petites doses**. Appliquez l'ancrage de confiance avant chaque réunion ou utilisez la visualisation créative au début de votre journée.

Il est important de **ne pas sous-estimer les petites étapes**. La plupart des gens échouent parce qu'ils pensent qu'ils doivent faire de grands changements rapidement. Or, c'est la somme des petits efforts quotidiens qui produit les changements les plus durables et les plus puissants.

2. Ajustez vos attentes et soyez patient

L'une des plus grandes erreurs commises lors de l'application des techniques de PNL est d'attendre des résultats immédiats. Si vous pensez que la technique que vous avez apprise va tout résoudre instantanément, vous serez frustré. N'oubliez pas que **la PNL est un outil de transformation progressive**. La patience est la clé.

Pour illustrer cela, l'entraîneur et auteur Michael Hall avait l'habitude de dire :

"Tout grand changement commence dans le petit coin de notre esprit, et son expansion dépend de la constance avec laquelle nous le cultivons".

Surmonter les obstacles courants

La frustration liée à l'absence de progrès immédiats est l'un des obstacles les plus courants sur la voie du développement personnel. De nombreux ouvrages sur le sujet n'abordent pas ce point essentiel : la gestion des attentes. Cela crée un décalage entre les attentes des lecteurs et ce qu'ils vivent réellement.

Comment la surmonter ? **En vous autorisant à être imparfait** dans le processus. Ne vous attendez pas à ce que chaque application d'une technique de PNL soit parfaite. Concentrez-vous plutôt sur le fait qu'à chaque fois que vous pratiquez, même de façon imparfaite, vous avancez dans la bonne direction.

Exemple pratique de gestion du perfectionnisme

La prochaine fois que vous aurez l'impression de ne pas progresser suffisamment, faites ce simple exercice de PNL :

1. **Identifiez l'émotion qui vous contrarie** : s'agit-il de frustration, d'anxiété ou de déception ?

2. **Faites une pause et recadrez** : demandez-vous : "Que puis-je apprendre de ce moment qui m'aidera à m'améliorer ?" Faites de chaque défi une occasion de croissance.

3. **Souvenez-vous de** vos progrès : pensez aux progrès que vous avez réalisés, même s'ils sont minimes. Cela vous aidera à avoir une vue d'ensemble et à ne pas vous laisser distraire par les petites difficultés.

Entretenir la curiosité : la clé du succès à long terme

La croissance intellectuelle continue exige plus que la simple application des techniques de PNL que vous avez apprises dans ce livre. Elle exige que vous restiez **curieux**, que vous continuiez à apprendre, que vous exploriez de nouvelles idées et que vous vous lanciez constamment des défis. Ceux qui cessent d'apprendre, même s'ils ont atteint un certain niveau de réussite, commencent à régresser.

Posez-vous constamment des questions :

- Que puis-je apprendre d'autre ?

- Comment puis-je appliquer ce que je sais dans des domaines inattendus de ma vie ?

- Quelles sont les nouvelles techniques que je peux expérimenter pour voir si elles me conviennent le mieux ?

S'engager à long terme

Le véritable succès ne vient pas de l'accumulation de connaissances, mais de l'application **constante et continue de** ce que vous avez appris. Comme Ana et Marcos, qui ont obtenu des résultats étonnants grâce à leur persévérance, vous pouvez également atteindre un niveau de performance intellectuelle plus élevé si vous vous engagez à continuer à pratiquer les techniques de la PNL sur le long terme.

Ce livre vous a offert une boîte à outils inestimable, mais c'est maintenant à vous de jouer. Votre engagement, votre curiosité et votre capacité à ajuster et à affiner vos méthodes vous permettront d'aller plus loin.

Le rôle crucial de l'environnement dans votre évolution mentale

L'un des secrets les plus puissants qui est rarement mentionné dans les livres sur le développement personnel et la PNL est l'**influence profonde que votre environnement** a sur votre capacité à appliquer et à maintenir les techniques que vous avez apprises. Il est courant de trouver des livres qui se concentrent exclusivement sur les outils et les stratégies internes, mais le contexte dans lequel vous vous trouvez joue un rôle essentiel.

L'environnement physique et émotionnel affecte profondément votre concentration, votre créativité et votre acuité mentale. Cela signifie que si vous n'adaptez pas correctement l'espace dans lequel vous vivez et travaillez, vous limiterez vos progrès, même si vous appliquez toutes les techniques que vous avez apprises jusqu'à présent.

Comment créer un environnement mental performant

1. Éliminez les distractions invisibles : le cerveau est incroyablement sensible aux interruptions, même celles qui semblent insignifiantes, comme les bruits de fond ou le désordre visuel. Créez un espace propre, avec des objets qui vous inspirent et qui n'interrompent pas votre flux mental. **La simplicité dans votre environnement** permet à l'esprit de se concentrer sur ce qui compte vraiment.

2) Entourez votre espace de stimuli intellectuels : remplissez votre environnement de livres, d'œuvres d'art et d'objets qui vous inspirent, mais aussi qui **stimulent votre créativité**. Les personnes qui entourent leur espace de sources d'inspiration visuelle et mentale accèdent plus facilement à des états de fluidité mentale et génèrent des idées novatrices. Comme le disait le philosophe Emerson :

"Votre environnement est le miroir de ce que vous portez en vous".

Ce simple changement dans votre environnement peut faire la différence entre une progression stagnante et une progression constante vers vos objectifs intellectuels.

Entourez-vous de personnes qui élèvent votre niveau intellectuel.

Un autre aspect crucial qui est négligé est le **pouvoir des relations** dans votre développement personnel. L'impact des personnes qui vous entourent est si profond qu'il peut déterminer si vous réussirez ou non à appliquer les techniques que vous avez apprises.

Des études en **neurosciences sociales** ont montré que notre cerveau est continuellement à l'écoute des personnes qui nous entourent. Si vous êtes entouré de personnes qui pensent de manière limitée, cet état d'esprit risque de s'infiltrer dans votre façon de voir le monde, bloquant votre capacité à appliquer efficacement la PNL et les outils que vous avez appris.

En revanche, si vous vous entourez de personnes curieuses, créatives et ambitieuses, votre esprit commencera à refléter ces qualités. Cet ajustement peut être l'une des mesures les plus importantes que vous puissiez prendre. Posez-vous la question :

- Êtes-vous entouré de personnes qui vous soutiennent dans votre développement intellectuel ?

- Quelles conversations avez-vous au quotidien et quel est leur impact sur votre capacité à penser clairement et de manière créative ?

La pratique quotidienne : la clé secrète d'un succès durable

Bien que ce concept ait été mentionné dans différentes sections du livre, je souhaite révéler un **détail clé** qui pourrait transformer votre application quotidienne de la PNL. Il s'agit d'un aspect qui n'est pas souvent souligné dans d'autres livres : l'importance de **la durée minimale de la pratique quotidienne**.

La plupart des auteurs vous disent qu'il faut pratiquer régulièrement, mais **ils ne vous disent pas pendant combien de temps ni comment intégrer ces pratiques dans votre vie quotidienne sans qu'elles ne deviennent un fardeau**. En réalité, pour maintenir l'agilité mentale, **il suffit de consacrer 10 à 15 minutes par jour** à des techniques telles que l'ancrage ou la visualisation créative.

Le secret consiste à faire en **sorte que l'entraînement soit court mais intense**. Si vous essayez de passer une heure par jour, vous vous sentirez probablement dépassé et vous abandonnerez. En revanche, si vous vous engagez à ne consacrer que quelques minutes, vous constaterez que cette pratique est beaucoup plus durable. Au fil du temps, ces minutes s'additionnent, créant des progrès qui seront beaucoup plus forts et profonds.

La mentalité du "défi permanent

Une dernière révélation : pour maintenir une croissance intellectuelle continue, vous devez adopter un **état d'esprit de défi permanent**. Les grands penseurs et les créatifs ne se contentent pas de ce qu'ils savent déjà. Ils cherchent toujours à remettre en question leurs propres idées et à élargir leurs connaissances.

Voici un exercice pratique que vous pouvez mettre en œuvre dès aujourd'hui :

Remettez en question une croyance ou une hypothèse que vous entretenez quotidiennement.

Chaque matin, identifiez une idée, une croyance ou une hypothèse que vous entretenez depuis des années et posez-vous la question :

- Est-ce vraiment vrai ?

- Quelle est la preuve du contraire ?

- Que se passerait-il si j'adoptais un point de vue totalement opposé ?

Cette habitude de remise en question vous amènera à un niveau de réflexion plus profond et vous ouvrira à de nouvelles possibilités que vous n'aviez même pas envisagées.

Êtes-vous prêt pour la suite ?

La question qui se pose maintenant est la suivante : **êtes-vous prêt à vous engager dans votre propre développement ?** Les informations, les techniques et les exemples que vous avez lus jusqu'à présent n'auront de sens que si vous décidez de les mettre en pratique. La PNL est un outil puissant, mais son véritable impact se mesure dans l'action quotidienne. Faites de votre vie une **expérience continue d'amélioration intellectuelle.**

Votre réussite ne dépend pas de ce que vous avez appris jusqu'à présent, mais de la manière dont vous décidez de l'appliquer aujourd'hui.

Rappelez-vous : **Le voyage vers un esprit plus agile, plus créatif et plus puissant commence chaque jour, et chaque jour vous pouvez décider d'avancer un peu plus.**

Le chemin est tracé. Il ne vous reste plus qu'à faire le premier pas.